僕らが生きた時代

1973-2013

武蔵73会◉——編

れんが書房新社

僕らが生きた時代　１９７３-２０１３
あれから40年経って――第二の出立

二〇一二年に刊行した『僕らが育った時代　１９６７‐１９７３』は武蔵中学・高校に在学していた一九六七年から一九七三年に焦点を当てたものでした。この期間に体験したことは、その後のわたしたちの人生に実に大きな光と影を落してきました。

高校を卒業してから四十年、わたしたちは進学、就職、その後の仕事等、実に様々な人生を送ってきました。この間、日本社会には本格的な情報化社会が到来し、バブルや不況の時代を経て、激動の二十世紀を終えました。そして二十一世紀に入ってから、不穏な空気が漂い、すでに十年以上が経過しています。

こうした歴史的変化以上に大きいのは、実は日本社会の構造的な変化ではないでしょうか。物の考え方、価値観、生活環境の変化、地球規模で進行する自然破壊や資源の枯渇、それにとって替わる方法の欠如。わたしたちは生と死の不分明な時代を生きざるをえなくなっています。

そのなかで、日本人のライフサイクルが変わってきました。歳のとり方も大きく違ってきています。六十歳を迎える二〇一四／五年、わたしたちは人生の大きな節目を迎えます。人生において「現役」であるか否かに誰もが直面せざるをえないのです。

六十年というサイクルで、人生は一つの環を閉じます。しかし生命としての身体は、五十年前と全く異なった時間を生きているのではないでしょうか。まだ誰もが経験したことのない未知なる領域にわたしたちは突入しようとしています。その実験段階に入ったとも考えられます。

そこで『僕らが育った時代　１９６７－１９７３』の続編として、『僕らが生きた時代　１９７３－２０１３』を編むことにしました。過去を振り返り、言葉で確認した上で、これからの生き方を探ってみたい。

そのために、テーマを以下の二つに設定してみました。

一、あれから四〇年経って……。

二、第二の出立。

人生のもっとも充実した今を、過去と未来から見つめてみようというのが、今回の主旨です。

編集委員
磯野彰彦　牛口順二　宇野求　岡昭一　中村明一　西谷雅英　山川彰夫
葭内博史　前田隆平（海外）

僕らが生きた時代　1973–2013

目次

Ⅳ　されど僕らが日々

I

巻頭座談会

教えないことで教わること
——武蔵の（反）教育をめぐって

高橋 順一（43期）
梶取 弘昌（45期）
中村 明一
西谷 雅英（司会）

西谷　『ぼくらが育った時代　1967－1973』が刊行されて、今日でちょうど一年になります。それを記念してトークイベントを開催することにしました。

この一年間、実にいろいろなことが起こりました。旧友と久しぶりに再会し、旧交を温め合ったり、先輩諸氏との新たな出会いや、本を媒介にして、まさにさまざまな「出会い」があり、関係が生まれました。それは武蔵という共同体の広がりであると同時に、今の時代を共有している意識が人と人を、前にもまして引き合わせているのではないかと思います。そこで、続編として『僕らが生きた時代　1973－2013』を企画しました。副題は「あれから四〇年経って……第二の出立」というものです。これから還暦を迎え、第二の出立を始めるにあたって、僕らの世代がどう生きていくのか、とともに、先輩諸氏とも意見交換して、もっと大きなコミュニティを形成していければということで、今回のシンポジウムを企画しました。

まずゲストをご紹介したいと思います。向かって右が高橋順一さんです。高橋さんは現在早稲田大学教育学部の教授ですが、武蔵の四三期生、僕らの四年先輩に当たります。高橋さんはドイツの思想家ヴァルター・ベンヤミンの研究者として知られていますが、最近は吉本隆明論などを上梓されるなど、哲学、思想を幅広く押さえられている方です。高校時代には音楽部に所属され、音楽、とりわけオペラにも造詣の深い方です。今回お招きした最大の理由は、他でもありません、小林哲夫さんの著書『高校紛争』で、「順一、大丈夫だったのか?」という有名なエピソードの持ち主であったことです。

高橋 よろしくお願いします。

西谷 それからお隣りが、現在武蔵高校中学の校長先生を務められている音楽家の梶取弘昌先生です。梶取先生には、去年の「文藝春秋」の「同級生交歓」の撮影の件からお世話になっていますが、やはり今、武蔵を含めて教育という観点から我々を奥深く包み込んでくれている大きな存在だと思います。こういう本をつくるにあたっては、なによりも梶取さんの意見をお聞きしたいと思ってお招きした次第です。のちほど、いい声も聴かせてくれると思います(笑)。

それから中村明一さん。作曲家として、また尺八の奏者としても世界的に活躍されています。今日は多忙を縫って、名古屋から駆けつけてくれました。最後に司会・進行を担当する西谷です。この『ぼくらが育った時代』の呼びかけ人でもあり、結果として編集代表もやりましたので、こういう場に引き続き立っております。

卒業してから四〇年。どんなことがそこから引き出せるか。卒業後の四〇年の生き方を照らし出すような話が、お二人の先輩との対話を通じてできればいいなと思っています。

まずお二人に、この本の感想からお話し頂こうかと思います。

本物の才能に出会う

高橋 今ご紹介をいただきました高橋順一です。去年(二〇一二年)西谷さんから突然といいますか、この『僕らが育った時代』というご本をいただきまして、読ませて頂きました。この本を読んで真っ先に感じたのは、自分の武蔵時代の体験との共通性だと思います。驚くほど似ているなぁとまず感じました。それは別の言い方をすれば、僕が武蔵という学校で得たもの、あるいは経験したもの、そうしたものが脈々と四年下の、四七期の方々にも強く受け継がれているということです。それについてはこれから具体的にお話ししていこうと思うんですが、とにかく読みながら、「そうだったよな、まさにそうだ」と思うところが、多々ありました。と同時に、私ども四三期と、四七期の間のこの四年間というのは、とくに我々の側から見ると、ある種の世代間の断絶というか、展開があるのも感じます。これは日本全体が変わったという問題とも絡むかもしれないですが、大きな断絶ができた四年間であったのではないか、そのことも感じざるをえなかったということは率直に申し上げなければなりません。具体的に「共通性」というところから最初に申し上げましょう。私は一九六六年に入学ですが、高校からの編入の形で入っております。ちょうど、私の前年あたりから、編入制度が始まって、一クラス分、大体四〇人が編入生として外部から来ました。その前に私がいたところは、千代田区立麹町中学校というところでした。ざっくばらんに申し上げますと、麹町中学校はいわば日比谷に入るための学校、「日比谷に入らなければ人間ではない」という学校でした。そのときもちろん日比谷高校は受験しました。なかなか学内選考がキツくて、日比谷を受ける資格を学内で得るのが大変だったんですけど、なんとかクリアし、日比谷を受けることが決まりました。それで、滑り止めが必要になって……本当は滑り止めなんていう言い方は良くないんですが、慶応の日吉と志木と駒場東邦、それから武蔵を選んだんです。ちなみに当時、都立の入試というのは九科目入試でした。九科目、九〇〇点満点。で、年によって若干前後がありますが、日比谷高校の合格平均点が八五五点前後ぐらいだったと思います。九科目で平均すると、九三、四点、九五点まんべんなく取れれば大体合格します。九四点、九三点だとやや危ないというレベルだったと思います。ですから英語の単語を覚えるのも、オフサイドのルールを覚えるのも、ハ長調をト長調に移調するのも、これを全部できないと合格点とれないんですね。そういう入試でした。ということで、僕は見事に落ち、武蔵に入学することになったんです。だから正直言って、最初は日比谷に落ちたというショックがあって、武蔵へ行くことに心から喜べない、という気持ちがあったことは確かです。ちなみに四三期で麹町から一緒に入ったのは四人いました。まあみんな、同じような気持ちをもってたんじゃないかなと思います。しかしだんだん学校に慣れてくると、僕自身は、これは本当に僕自身のためにあった学校だったんじゃないかと思うようになってきました。すでに中学の頃から文学作品を読んだり、音楽を聞いたりして、将来こういう方面に進めたらいいなと漠然と思っていました。実業の世界は自分には向かないという気持ちが、中学の頃から芽生えていて、文学や音楽が自分の中で、より重い意味を持つようになっていた。おそらく他の学校へ行けば、そういうようなことは二の次となって勉強を強制されていたと思うんです。武蔵は入ってみてだんだんわかってきたことは、皆さんもこの本に書いてらっしゃるんですが、縛りというものがない、上からの強制がないことです。それから何より一番驚いたのは、自分は少しは勉強ができると思って入ったんですが、そういった自信をいろんな意味でぺしゃんこにされてしまったことです。単に学校的な意味で勉強ができるというだけではない、例えば、数学なら数学の分野では、中学生、あるいは高校一年生くらいで、大学で学ぶような高等数学をやっているとか、音楽に関してはプロに近いとか、いろんな異才というか、異能というものを持った生徒が、キラ星のごとくいるわけです。少々の勉強ができるとか、ちょっと何か知っているとか、そういう付け焼き刃が利かない。本物の才能に出会えたっていうのは、武蔵に入った時に一番初めに思ったことでした。それはもう、同学年もそうだったし、下も、上も、みんなそうだったと思います。

高橋順一

今日は梶取さんもいらっしゃいますけれど、僕は梶取さんのいた音楽部に入りました。僕は楽器ができないものですから、合唱班と観賞班に入りました。そこで毎日歌を歌ったり、音楽を聴いたり、それから読んだり、もちろん勉強もするわけです。ちなみに、入った時の一年の担任は上田久先生でした。二年生の時の担任は鳥居邦朗先生、三年の担任は江頭昌平先生という相当きつーい担任ばっかりでした。

高校二年生のときに、父親のインド赴任が決まり、僕だけ日本に残ることになったんです。それで当時まだあった白雉寮に入り、高校三年生までの二年間寮生活をしたというのは、僕にとって武蔵での非常に大きな経験でした。この寮生活はいろんな意味で思い出深い体験でした。違う学年同士の先輩後輩が、同じ釜の飯を食うという経験はなかなか得難いものだったなぁと今思います。それとその当時、寮でごはんを作ってくれていたおばさんがいて、このおばさんのごはんがとっても美味しかった。このおばさんが歳のせいで、確か七十いくつまで世話してくれたんですけれども、もう身体が利かないっていうことで、寮が閉鎖されることになったっていう経緯がありました。その寮経験が私の武蔵の忘れ難い貴重な経験であったと思います。

そして最後にもう一点だけ。これはどうしても触れなければならない問題です。この本の中に、実は僕のことを指した記述が二ヵ所出てきます。皆さんが高一の時の入学式に、OBが乱入してビラをまいたという事件（笑）。あのビラをまいた張本人の一人が私です。それから六八年の10・21新宿騒乱事件で、高三生が逮捕され、大坪先生はお咎めなかったという話を小林さんがお書きになってましたが、それも私でした。僕がいたのは六六年四月から六九年の三月までで、高校二年の六七年の10・8、第一次羽田闘争、いわゆるゲバルト闘争の始まる時代、政治の季節が始まったわけですが、卒業する直前、六九年の一月一八日と一九日が、いわゆる安田講堂の攻防戦でした。これにすっぽり僕の武蔵の高校二年生から三年の時代が重なり、そしてその運動のプロセスにかなり積極的にコミットしたんです。その体験は僕にとっては六八年体験ということにもなるし、また僕にとって、「六八年世代」という自己認識するようになったきっかけです。このことと武蔵の体験という時代の在り方とを切り離して考えることはできない。で、今申し上げたように、10・21で逮捕され、帰ってきて、どうなるんだろうな、と思って学校へ戻ったんですが、おずおずと職員室に行ったら、担任の江頭先生が、「順一、お前ほんとに心配してたんだぞ、どうしてたんだ?」って言って、お弁当をくれたんです（笑）。その日の江頭先生の昼飯の弁当をごちそうになりました。鳥居先生ともその後話をした記憶がうっすらあるんですが、とにかく処分とか一切なかった。形の上で処分があったのかなぁ、と思ったんですが、小林さんの取材でわかったのは、大坪先生ははっきりと、意図的に僕のことを処分しないと決めていた。これが僕にとっては、いろんな意味で大きな出来事でした。というのは、僕らの世代で退学処分となってその後の人生がいろんな形で変わっていった仲間がいっぱいいたわけです。僕の場合は、処分を受けない、そのまま高校を卒業して大学を選べたということは、非常に大きな意味を持つことであったなと思っています。それと同時に、そこが出発点となって、現在やっている仕事にそのまま繋がっている。そう考えてみると、僕のその後の人生の原形が武蔵時代に作られたと、強く感じます。小林さんの『高校紛争』もそうだったんですけれども、そのことをもう一度この本は教えてくれました。

西谷　ありがとうございました。いきなり凄い話を聞けて、ああ、そうだったのかと思うことが多々ありました。とくに旧制高校の名残のあった白雉寮の経験と、高校での処分なしがその後の人生に残した影響ですね。武蔵の教師の懐の深さを知るとてもいいエピソードでした。それでは次は梶取先生。二学年下なので温度がずいぶん違うかもしれないですね。よろしくお願いします。

自分の道は音楽しかなかった

梶取　私は四五期で、ちょうど四七期の皆さんと高橋さんの間です。この本を読ませて頂き、あまり世代との違いを感じませんでした。今高橋さんのお話をうかがい、大変な時代だったんだと改めて思いました。

音楽の道に進もうと思ったのは高校一年の時です。親父が歯医者で、小学校の時の作文で、「父の跡を継いで」って、親が泣いて喜ぶような作文を書きました。高一の時、東京都音楽連盟の音楽会で混声合唱をやったんです。当時、佐藤真という作曲家が流行っていまして、その人の『旅』という合唱、「行け旅に、今こそ」という歌詞から始まって、「行こうふたたび」で終わるんですが、それに感動し、「自分の道は音楽しかない」と考

梶取弘昌

えたんです。当時まだ私はピアノも弾けなかったので、高校一年の時、バイエルから始めました。ピアノをなさる方はわかると思いますが、B-Durなんて大変ですよね。三と二から指が始まって。

この本を読んで、この時代が確認できました。赤軍派などの政治的出来事、それから音楽ではビートルズ。当時の私は本当に無知でした。学生運動をやっている仲間を見ていましたが、メシも食えない奴がそんなことやるんじゃないと思っていました。当時も大坪さんと、赤の広場で卒業式をボイコットするかどうか、そういう思い出はありますが、高橋さんのお話を伺って、素晴らしいなと思いました。

で、この本ですが、本当に自分が吹っ飛ばされそうになるほど衝撃的でした。今井さんとは音楽家同士でもあり、演奏も聴いてるし、ピアノを弾いてもらったこともあります。お宅にもお邪魔して、お母様も奥様にもお会いしています。ここに書かれている親子の葛藤はいまの生徒も同様に悩んでいます。学校に来て話してほしいですね。

西谷さんの文章もいろいろ考えさせられました。在学中のいろいろな体験がご自身の演劇活動に影響していく過程は一言で感想を書けません。演劇と音楽というジャンルの違いはありますが、共感しながら読みました。ほかにも中村さんの音楽との出会い、西洋音楽に対する考え方も面白いと思いましたし、それぞれの方が武蔵での経験がいろいろな形で今の仕事に結びついていく過程が興味深いですね。まだ、読んでいない方にはぜひ読んでほしいですし、私も伝道者を務めます。これまでもすっかりこの本に入れ込み、まず二〇冊買い、全部知りあいに配りました。取材に来た塾関係者とか、いろんなマスコミ方とか、「私の後輩が書いた本だけど読んでくれ」って。そういう人たちは感動してくれましたね。それでさらに二〇冊、また買いました。それぐらい素晴らしい本でした。

この中のいろんなお話を使わせて頂いたこともあり、私自身が勉強になりましたね。今日ここにお邪魔したのも、皆様といろんな話がしたいという思いからです。ありがたいお話です。皆様と今後もお付き合いして頂きたいと思っております。

高橋さんは音楽部の先輩で鑑賞班でした。当時楽劇『トリスタンとイゾルテ』のベームの新盤が出て、高橋さんがそれを抱えて、鑑賞班のメンバーに見せていたのが、今でも目に焼き付いてます。その高橋さんと今日お話できるのをとても楽しみにしています。

西谷　今お二方から思いのこもったお言葉を頂きました。そのことを踏まえて、中村さんどうですか？

六七〜七三年という時代の経験

中村　今、様々な場所で仕事をし、人と会うと、この時代をしっかり経験した人かどうかで、大きく印象が違うということを感じます。それは何故だろうということをよく考えます。この時代は、経済的にも上向き、多くの情報が入ってくるようになり、さらに深いところにまで意識が向かうようになった。

　例えば、今まで見捨てられていたような「民衆の芸術」―、私の関係している音楽でいえば、ロック、黒人のブルース、世界の民族音楽、あるいは日本の伝統音楽などが世界に広がっていった時代でした。そして確かにある深みに達しました。

　しかしその後、より深まるのかと思いきや、逆に経済が発達しすぎたことによって、そのシステムに飲み込まれてしまった。大衆の方も、本質的な欲望よりも表層の欲望を刺激されることで経済に巻き込まれ、音楽もシステム化されてきた。例えば今のＡＫＢ48、まさにあれは、内容がなく、システムだけが肥大化している状況だと思います。それが世界的に起って来ている。私達より後の世代の人は、システムが肥大化し始める時に物心がついて、中学高校の時にそういう音楽を聞くわけですから、異界、未知の世界、無意識の世界、昔の根源的な世界などを感じることが少ないのではないかと思われます。若い人達と仕事をするとそういったことを感じます。

　現代に大きな影響を与えている人達の多くは、六七〜七三年辺りに出てきて、その後連続して展開してきている人が多い。私も多くの人と会って気付いたのですが、キイになる人は、やはりあの時代に登場した人です。例えば作曲家の武満徹、指揮者の小澤征爾、編集者、著述家の松岡正剛、文学の埴谷雄高、演劇の芥正彦、東由多加、文化人類学の山口昌男など。そういった方々と会うと、あの時代に何かを起こした人の強いエネルギーを感じます。

　翻ってこの時代からどう学び、現代をどのようにしていくかということが課題でしょうか。

西谷　僕も中村さんとほぼ同じような経験がありますね。文化や芸術に関わっている人にとってこの六年間というのは、特権的な時代だったと思います。そしてこの時代の以前と以後では、まるっきり時代が変わってきている。大きくパラダイムがチェンジしたのを感じます。それとともに、大きな価値観が転換する過渡期だったんじゃないか。その前後の文脈を知っているというのは、僕らの世代の強みじゃないかとも思います。

　この本を作ることになったきっかけは、七、八年前に、日本演出者協会から六〇年代演劇についての本を依頼されたことです。その本を作っている時、六八年〜七三年くらいの時期に演劇が大きく動いており、なんだこれは、自分の中学高校時代とほぼ重なり合うじゃないかってことに気づきました。それで、あの頃、自分はいったい何を見ていたのか、経験していたのかということを考えるようになりました。当時は唐十郎も見てないし、寺山修司は、詩は読んでたけれども、舞台をやってる人だということも知りませんでした。そういう意味では演劇に関してはほとんどすれ違っている。でもその周辺……映画や文学や音楽、とくに音楽が時代を牽引していた。卒業したあとに、それがブーメランのように戻ってくるんですね。それでもう一回、この時代を検証していくことが自分の仕事の一番の原点となったわけです。だから自分で直接見てないんだけど、中学高校で体験したこと、感じていたこととすり合わせていくと、ずいぶん風を受けてたんだなということに気づきました。それがこの本を作ろうと提案した最初の動機です。中村さんが言われたように、この時代は政治ももちろんそうですが、芸術や思想の問題が大きく変わっていく時代で、そういう時代に文字通り「育った」ことを重ねながら考えていくと、とてつもなく面白い時代をくぐってきたのだな、と。これはぜひ他の人たち、同期はもとより、後続世代に伝えておきたいと思いました。

中村明一

高橋　今の中村さんの話と西谷さんの話を聞きながら、まさにそうだと思うのは、六八年がひとつの大きな転換点、断絶の年であったということです。僕個人で考えてみると、僕が入ったばっかりの頃はちょっと古めかしい本を読んでいた。日本文学が中心で、例えば堀辰雄であったり、もう今や誰も読まなくなった亀井勝一郎、それから小林秀雄ですね。その延長線上でリルケを読んだりヘッセを読んだり、トーマス・マンを読んだりしていました。それから音楽は、ベートーベンにモーツァルト、ワーグナーを聴いていました。これ、考えてみると、典型的な教養主義文化の遺産だったなと思うんです。武蔵っていうのはそういう教養的文化にとって非常に居心地のいい場所だったというのは皆さんよくお分かりだと思います。どこか旧制高校みたいだし、おそらく他の学校ではあり得ないような教養主義文化と共鳴する構造がある学校だった。そういう中で、自分の感覚や考え方が形成されていったわけだけれども、突然それをゆさぶる激しい衝撃としてやってきたのが、先ほど申し上げた、六七年から六八年の学生運動の季節でした。

時代に亀裂が入った六八年

高橋　その頃、江頭先生の数ⅡBの授業がさっぱりわからなくなって、いよいよ赤点とりそうでヤバいとなった時、仲間に、「それだったら、中村橋に数学の個人教授してくれるいい先生がいるぞ」って紹介してもらったんです。ちょうど寮にいた頃なんですけど、その先生のところに通いました。あの頃の中村橋の辺りは、雑木林と田んぼしかなくてほとんど家がない、みたいな状態で、想像を絶するような田舎でした。で、その中にぽつんとあるアパートの一室で、先生が一人で数学の塾をやっていて、そこへ週に二回くらい通いました。ちょうどその頃、羽田の闘争があった。その先生は三十代前半くらいだったと思うんですが、考えてみれば、そういうところで家族も持たず独身で、数学の塾をやってたっていうことは、その先生も活動家かなにかだったかもしれないと、今では思います。で、その先生に聞いたんです。「なんで三派全学連の学生たちってあんな風に暴れるんですか」と。「それはよう、あいつら吉本ばっかり読んで頭おかしくなってるからだよ」、「え？　吉本って誰ですか」、「お前吉本知らないのか、吉本隆明っていう思想家がいるんだ。あいつらは吉本の本ばっかり読んでるから頭おかしくなるんだ」って言われました。それで、逆に興味がわいてきて、当時江古田の駅の南口にアワノ書店という古本屋がありました。ちょうど踏み切り脇の交番の真向かいくらいだったと思います。この古本屋にはすごく筋がいい本が並んでいて、とくに戦後文学に関しては、神田の古本屋にも引けを取らない一流の古本屋だったと思います。そこへ早速行きました。ありましたね、吉本隆明の本がぶわーっと並んでいるわけです。さあてどれから読もうかな、と一冊、確か『擬制の終焉』だったと思うんですけれども、そこで一冊手に取ったのが運命の分かれ道でした。そこで、まともな人生とおさらばする。そこでいろいろ考え始めてわかったことは、吉本隆明がどうのこうのというよりも、時代全体がなにかとんでもないところへ大きく変わりつつあるんじゃないかということでした。その渦中にいる時っていうのは、変化っていうのは劇的な形では、わからないものです。しかし、あとで気がついてみると、そこには明確な展開というか断絶というか、亀裂みたいなものが入っている瞬間があったはずだと。それが六七年から六八年のことだったんじゃないかなと思うわけです。

それまで教養主義的な文化のヒエラルキーがあって、それに封じ込められていた。例えば音楽の世界では、聴衆っていうのは一方的で聴くしかないっていう立場だった。ところが、六七年頃からみんな、ギター一本で音楽を弾いたり歌ったりするようになった。つまり、受け手の側が能動的に表へ出始めてきた。そういうことがありとあらゆるところで始まったということにふと気がつくわけですね。映画の場合もそうだった。僕の同学年だった麻布高校の原正孝君の『おかしみに彩られた悲しみのバラード』（六八）という作品がアマチュアの映画コンクールで一位になりました。そういう自主映画製作ブームみたいなのも六七年頃から高校生・大学生で盛んになっていくわけです。何かを表現しようという意識ですね。今までのヒエラルキーというか秩序構造の中で抑えられていた表現への衝動というのがどんどん出始めたのが六七年から六八年。学生運動は、ベトナム戦争や日米安保条約ですとか、問題がありましたけれども、もっと根本的には、それまでの古い社会状況の枠組み、あるいはある種の秩序構造の中で抑えられていた何かが外に出ることを求めて動き出した、それがあの時代のさまざまな表現に繋がっていったのではないかと思うわけです。僕は高二のときにアートシアターの会員になったんですけど、あの時代の映画は大きな影響を与えたと西谷さんも仰ってたけれども、アートシアターに象徴される映画の存在っていうのは、僕らにとっても大きい。そういったものすべて含めて、六八年という時代だったんじゃないかな、っていう気がするんですね。

西谷雅英

西谷　原正孝さんの名前は当時から知っていました。彼は後に『初国知所之天皇』（七四）で本格的にデビューし、今では名前を「将人（まさと）」に替えています。早熟な天才ということでいえば、演劇の世界では芥正彦に似ています。

映画という不良文化

西谷　当時、映画を選ぶっていうことには何か独特の符牒がありました。さきほど出た文学の教養主義と比較すると、大きな断絶を感じます。僕も中学の時にはヘッセやトーマス・マン、ジッド、ブロンテ姉妹とか教養主義的な小説を読んでいました。それが中三から高一にかけて急激に映画に傾倒していったんです。その理由を考えてみると、教養主義に対するある種のアンチを映画に見ていたんじゃないかと思うんですね。この前、近畿大学でこういう話をした際に、質問が出たんです。「なんで、あなたは映画に行ったのか?」って。その時には上手く答えられなくて、「外国の小説を読むよりも、世界の窓を開いてくれるのは映画だ」とか答えたんですけれど、実は「映画は不良文化だ」というのが大きかったのではないか。つまり、背伸びしている好奇心旺盛な一五、六歳の少年にとって、映画を観るっていうのが一番近道だった。そもそも映画館に行くっていうのは、学校という生活圏の外に飛び出すことです。それと同時に街をいろいろ見て回り、刺激を受けていく。ちょうど通学圏だった新宿、渋谷、池袋といった盛り場に行くことがスリリングで面白かった。それが結局、僕ののちの演劇探しての劇場探索につながっていくんですね。その前提がつくられたのは、この頃の経験だったことは間違いありません。

街には大人がいるわけですから、大人になりたいという欲求と結びつく。学校という社会から横に逸れていくのかもしれないけれど、少し斜に構えた社会の方への傾き、それが映画に向かわせていったんじゃないかな。早熟な中学生・高校生は、その後、映画を起点にしてさまざまなところに出て行く傾向がありますね。映画をずっと続けていくと、映画マニアで終わっちゃう危険性がありました。僕は大学三年生の時に、映画から演劇に移ったんですが、一応不良になる初期の目標は達成しました。もっとも不良といっても、本物の不良とは違って、大したことはないんですけれどね。映画以外で言えば、ロックとフォークですね。ジーパンとTシャツに長髪。これは完全に不良モデルです。クラシックは真面目な教養主義のまっただ中だと思うんですけど、梶取先生はいかがですか?

梶取　今の世の中は不良文化ってないんじゃないですか。ＡＫＢの話が出てきましたが、やっぱり健全な社会なんです。いろんなものがね。今のうちの生徒見ていても本当に不良がいないんですよ。それが、いいか悪いか。文化にしてもアウトロー的なものがなくなって、文化的に均質化されている気がします。これが今の社会の逆の意味での閉塞感になっている気がします。ただあの時代も変革の時代でしたが、今の時代も別の意味で大きな変革の時代だと思います。いま生きている私たちには、今の時代が見えないんです。しかし間違いなく別の意味の変革の時代なんです。ただ、非常に整然とした中での変革なので、そこの息苦しさが逆に生徒を苦しめているのだと思います。大人も困ってると思いますが。

高橋　「不良文化」っていうのは言い得て妙というか、それだ！っていう感じがします。あの当時、江古田に江古田文化っていう映画館がまだありました。これがピンク映画の三本立てをやってるような映画館でした。そこにもぐりこんだりした。それから夜の新宿。夜の新宿って言っても、まあ高校生ですから、大したことやるわけじゃないんですけれども、夜の巷を歩き回ったりしました。アートシアターで、ちょうど高校三年生の秋の頃に、羽仁進監督の『初恋地獄篇』という映画がありました。腹立つことに成人指定になっちゃったんです。あの映画を観る必要があるのは我々の世代であって、大人ではない、我々は堂々と見に行こうじゃないか、とみんなで打ち揃って池袋へ行って、成人映画っていうのを無視して観たっていうのを覚えています。規制するルールを侵犯するっていうことが、なんかすごく大きい。ま、大したことでないにしても、なんか意味付けを伴って感じられたっていうことが、「不良」になるということで、そういうのが六七年ぐらいから始まったんじゃないかな。これは不良とは違うんですが、僕もクラシック一本やりだったんだけど、高校二年ぐらいからビートルズを聴くとか、ローリングストーンズを聴くとか、音楽におけるサブカルチャーへの関心というのが出てきた。そういう変化っていうのはみんなあったと思う。

西谷　僕はそれを「アングラ文化」として考えました。

システム統合下に置かれた肉体

高橋　ちょうどこのとき始まっていて、実は現在に至るまで続いている大きな現代社会の問題が僕はあるような気がするんです。我々個人個人には特異性というか、不透明な部分、見えない部分を含んでいますね。そこは、非合理な部分かもしれないし、ある面から言えば衝動的なもの、暴力的なものになる部分だってあるのかもしれない。ところが、今言ったことと裏腹になるんだけれど、六〇年代後半あたりから、世界の全体で非常に高度なシステム統合が進行していく。そうすると、どうなるかっていうと、個々人が持っている特異性というのは均一化されていくわけです。均されてローラーをかけられて、全部潰されていく。みんなそのシステムの中に組み込まれて透明化されていく。で、考えてみると六八年のあの運動の盛り上がりは、一つはそのシステム統合に向かおうとする社会の動きと、個々人の特異性、――この特異性が最も強く現われてくるのはそれぞれの人が持っている肉体性であるわけです――肉体性がシステム統合に向かう動きと正面からぶつかる、という状況があったんではないか。ところが、どんどんシステム統合が進んでいくと、今度は自分が肉体を持っているのか、という感覚が消えていくわけです。自分が特異な肉体性をもったという、意識そのものが消えていってしまう。そうするとシステム統合とぶつかったり、抵抗する根拠もなくなるわけですよ。統合されている状態が当たり前になってしまう。

西谷　まさにその問題が、この時代の演劇に象徴的に現われました。唐十郎や土方巽のキーワードは「肉体」です。その特異な肉体が徐々に飼い馴らされてくる。

高橋　今、非常に怖いなって思っているのは、自分がシステムの中に組み込まれて統合されていることを意識できないまま、それが快適な状態、当たり前の状態であるという意識が社会の中に蔓延していることです。個々人の存在の持っている特異性をローラーにかけて引き潰していくことを何とも思わなくなる。僕のドイツ思想の立場からいえば、これは形を変えたアウシュヴィッツだと思います、はっきり言えば。もちろん、アウシュヴィッツのように毒ガスを使って人を殺すわけではないかもしれない。しかし、システムのローラーにかけて、個々人の存在をぶっ壊していくという点では、なんらアウシュヴィッツでやられたことと変わらない。それが今、システム統合というスマートな形で行なわれている。それが高度な消費社会とか、高度情報化社会とか、脱産業化社会っていう風に言われている社会の状況ではないかな。そういう状況の中で不良になれない、抵抗力が出てこないっていう問題があるんじゃないか。

中村　私はそのシステムを統合するということについて、七〇年頃までは国家なり体制が行うシステムの統合だったと思うんです。ところがその後は、主役を演じているのは経済だと思われます。ただ表に出てくるのは「経済」という名前ではなくて、あたかも我々の欲望のままに物が転がっているように見えながら、知らない間に全体がシステム統合の道に向かっている。ですから、今の若者たちは、反対する相手がいない、抵抗する相手がいない。真綿で締められている間に、違うところに連れて行かれていくような状況に置かれているのではないでしょうか。統合のしかたが少し異なってきていると思うのですが、その辺は高橋さんはどのようにお考えですか。

高橋　まさにその通りなんです。ちょっと話が抽象的になってしまうので申し訳ないんですけれども、今の問題を論じたのは、フランスのミシェル・フーコーという思想家です。彼は、生権力、生きる権力、あるいは「ディシプリン（規律訓練）権力」を唱えました。これはどういうことかっていうと、国家にしろ権力にしろ、それがいきなり上から暴力的に個人個人を抑圧するとか叩き潰すという形でやって来るのではなくて、一人一人が権力が望んでいることをあたかも自分が望んだことであるかのように思い込むことで、権力とか支配の仕組みが動いていく。だからみんな自分が望んでやっていると思わせるわけです。これをフーコーの言葉を使って言えば「自発的服従」です。サブジェクト（Subject）という言葉は「主体」という意味ですが、同時にこの言葉は「サブジェクション」にすると、「服従」という意味になる。フーコーは、主体であろうと思うことが実は服従に繋がっている、その仕組みを我々の社会はいつの間にか作り上げてしまった。みんな、自分が主体的に振る舞っているつもりで実はシステムに服従してしまっている。そういう世の中が一九七〇～一九八〇年あたりを境に、つまり消費社会っていう状況が生まれたあたりから、そういう傾向が強まっていったんではないかっていう気がするんです。

西谷　思い当たることはいろいろありますね。「ソフトファシズム」なんて言葉が出てくるのがそのちょっと前あたりです。一九六七年に安部公房が『友達』っていう芝居を作った時に、そういう批評の言葉が出ました。孤独な青年の家に、疑似家族が、あくまで優しく侵入していって、いつのまにか懐柔し、結局、その主人公を殺してしまうというストーリーです。この六七年前後は、新興宗教が各家々を訪ねて、おばあちゃんたちを搦め捕っていくことが問題化され、事件にまで発展しました。その時にできた言葉だと思うんですが、それはアウシュヴィッツのような力での制圧がソフトな形で、戦後の社会の中に生き延びたっていうことだと思います。その時、「消費社会」という言葉と同時に、重要なのは「情報」ですね。八〇年代は「情報」ということが大きく意味を持ってくる時代で、「情報資本主義」だとか、「高度情報化社会」っていう言葉が、従来の権力にとって替わって出てきた。こうした事態になった時、いったい何が抵抗の武器になるのか。僕は文化や知性の問題だと思うんですね。じゃあそういう時に、僕らが武蔵で学んできたことをどう活かしうるか。

中村　逆にそういうものに抵抗力を持っているのが武蔵生のような人たちではないかと私は思っているのです。今、お話のあった情報による操作、自発的服従の仕組みに抵抗するには、一般的に自立した主体を確立することが重要であると考えられます。しかしそこで、あまりに確固たる主体を確立してしまうと、それはそれで、大きな問題となります。主体であることが服従につながるわけですし、主体が強ければ強いほど外界からの情報などによる操作が容易になり、また外界に対する行為も、少し方向が違えば、結果はさらに悪くなります。歴史上の大きな間違いは、この確固たる主体により引き起こされてきました。また、自発的服従の仕組み、情報操作などの場合、相手が見えない状態なので、強い主体を持ち抵抗するということは効果がありません。

そのような状況下で、現在私達にとって重要なのは、「柔軟な主体」を作ることではないかと思うのです。この柔軟な主体を持っていると情報操作や自発的服従の仕組みにも巻き込まれにくいでしょう。しかし、柔軟な主体とは一つの原理原則のもとに作るものではなく、多様な、そして大量の体験、情報、知識の中から多くの階層に踏み込みながらでなくては、作ることができません。そして、その中には、多くの無駄、弱さ、いい加減さといった、負と考えられてきたものが含まれます。それらはなかなか見えにくいのですが、非常に重要な点が隠されており、それらの集積こそが、文化となっていくのだと思います。また、そのような部分は、真であることが多く、伝えやすい主構造の部分は虚であることが多いのです。

従って、主構造、要点のみを教えるということは非常に問題があります。他の見えないものの可能性に対して目隠しをすることでもあるからです。そのようなことから考えると、武蔵の教育というのは、はっきりしない部分もあるが、真実を掴むという点で可能性に満ちた教育であったと言えるわけです。ある意味で、「武蔵は文化を教えていた」とも言えます。そういった環境で教育された人間は、柔軟な主体を持ち、情報の渦の中で自分の欲望を掠め取られていくということはなく、大衆を巻き込んでいく社会システムに対して、真実を探求していくという行為を続けると考えられるのですが。

梶取　武蔵の話をする前にね、今、掠めとられてるんですよ。中村さんが書かれた『倍音』について話をさせてください。これは非常に刺激的な本です。今の世の中は綺麗に割り切れるのがいいんです。しかし実際には、自然界はそうではないし、中村さんがやってらっしゃる尺八なんかも、いろんなものを含んでいる。でも、そういうものを排除する世の中になってきているんですよ。武蔵の生徒に限らず、中学受験を考える子ども達は塾で叩き込まれてきて相当な知識を持ってきています。けれどそれは自分の知識ではないんですね。「自分の意見をもっている」って思い込まされている。今、個性の時代っていいますねえ。でも私からみると「独り言」なんですよ。個性でもなんでもない。私はいま伝統芸能に惹かれているんです。伝統芸能に型があるのは、不自由ではないんですよね。

中村　型があるからこそ自由があるという面もあります。

梶取　そのところを見落として、個性が大事だとかゆとりとか言って、あたかも自分が自由な世界にいるような錯覚に陥っている。そこは、やっぱり変えてかなきゃいけないと思いますよね。

教えないで、教える

高橋　それで思い出すのは、この本の中で触れられている、武蔵の先生たちだと思う。確かに、あの武蔵の先生たちって、今の時代だったらほとんど通用しないですよね。教えてないんだもの（笑）。教えるっていうことは、何かを理解させるっていう意味だとすれば、武蔵の先生は全然教えてなかった。でもやっぱり教えていたんです。教えてないのに教えてるっていうのはちょっと矛盾した言い方ですけれども、じゃあ、何を教えてるかっていうと、先生たち一人一人の存在そのものを教えていたのだと思います。その先生の生き方の形であり、存在のあり方です。もっと変な言い方をすれば、匂いです。あの時の武蔵の先生というのは一人一人本当に臭かった（笑）。「臭い」というのはもちろん、物理的な意味だけじゃないですよ。本当に臭い先生ばかり。例えば高一の時の担任の上田久さんというのは臭いの塊みたいな先生でした。

僕は数年前にライプチッヒ大学に一年だけいたんですけれども、その大学に、僕の河合塾時代の同僚だった小林敏明という先生がいました。この人は名古屋大学の哲学科の出身で西田幾多郎の研究をしていますが、その小林さんが『西田幾多郎の憂鬱』（岩波書店）という本を書いていました。この本の中で驚くべきことが出ています。それは西田幾多郎と武蔵の繋がりなんです。実は武蔵高校、武蔵学園のアイデンティティを形作っていったのは西田だったっていうんですね。武蔵の実質的な創立者である山本良吉先生は、西田の大の親友なんです。そして、西田から強い思想的影響を受けていた。それで西田人脈の人たちが武蔵に多く入っているんです。吉野信次さんとか下村寅太郎、務台理作といった人たちです。とにかく、西田幾多郎という存在は、武蔵学園の精神的なバックボーンとなっていた。それで上田久さんがいたのかって思いましたね（笑）。（上田久氏は西田幾多郎の長女の息子、つまり孫だった——編集部註）ついでにいうと、僕の時代には和辻夏彦先生もいたんですね。和辻哲郎の息子さんだった。ちなみに、和辻哲郎の家って、豊玉にあったんです。武蔵から歩いて十分くらいのところ。そういう縁もあったんでしょう。やっぱり西田の思想っていう線があったのは大きいなと思うんです。

やっぱり教師って、教えたいんですよね。教えたいし、教えちゃう。まあ、僕なんかもそうです。この方が楽なわけです。でもね、「ロバを水飲み場まで連れて行くことはできる。けれども、水を飲むかどうかを決めるのはロバ自身である」という言葉があります。水飲み場へ連れて行くことはできても、水を飲むことそのものを我々教員は、決めることはできない。そういったことを教えてくれたのは武蔵の先生たちだったんじゃないか。そのことは今だに僕にとって非常に大きな意味を持っていますね。と同時に、それは単に生徒を甘やかすということじゃないと思うんです。上田久さんにしても鳥居さんにしても、江頭さんにしても、島田俊彦先生にしても、一方で生徒に対してはものすごく厳しい面もありました。容赦なく生徒の人格というか性格を叩き潰す。「お前らそんなくらいのことでうぬぼれていい気になってるんじゃない、馬鹿野郎」みたい感じで、容赦なく生徒の鼻っ面をへし折る。そっちの側面も、武蔵の先生は非常に強くもっていらっしゃったと、僕は思うんですね。

西谷　ええ、今の話、非常に納得できるところがあると思って聞いていました。教えて、答えを提示した方がたしかに教師は楽なんですね。そこをどう教えないで踏ん張り通すか、結構教師は試されます。今の話の現状はいかがでしょうか、梶取先生。

梶取　考え方そのものはまったく変わっていません。例えば、数学についていえば、皆さんが習ったと同じ教科書です。改訂はあるにしても、あの教科書を中一から高三までやるわけです。で、数学科の教員が言うのは、あれは自分で丹念にやればいい。事実確かに今の生徒にとってあの教科書の幾何は難しいですが。それでは数学科の教師の役割は何かというと、教師の数学観を生徒に話せばいいんです。手取り足取り教える必要はない。教科書を自分たちでやればいいんです。武蔵では生徒ができるだけ多くの教師と出会い、その数学観を学べるようにしています。

ただ難しいのは、それをやりたくてもやれない社会の状況になってきています。生徒は「先生、答えは何ですか」。親も短絡的にしかものを考えられなくなっているように思います。武蔵は昔と同じように授業を行ないたいのですが、それがやり難い世の中になっています。例えば「お前こんなこともできないのか」って言うと、ショックを受ける生徒もいます。親は、先生の教え方が悪いっていう。そこをかいくぐってどう教えるか。ここは譲れないところです。ですから、この本の中で描かれているような時代を再現したいのですが、再現できない周りの状況がある。そこを妥協してしまうと、武蔵の存在価値はなくなり、ただの受験校に成り下がります。そうなったら「負け」です。

西谷　非常に難しいかいくぐりを要求されていますね。僕も教員をやっているのでわかるんですが、まさにそこの問題に直面しています。少しハードルを上げると、学生は来なくなる。では、手取り足取りやさしくすればいいかというと、そういうことなら自分がいる意味がなくなる。このせめぎ合い、騙しあい、飴と鞭の使い分けっていうのが試されてる。それと、あの時代には、ある種の理想像というものを僕らは持っていたと思う。それをどこかで意識しながら過ごしてきたんじゃないかな。この本には皆その「理想」を結果として書いていると僕は思うんです。一種のロマンですね。この本を読んだ、僕の文芸学部の先生が、ぜひこの本でFD研修をやってくれと頼まれました。大学でも、今梶取先生の言われたことと同じ問題が生じている。FD研修っていうのは、教員の、教育のスキルをあげるための研修です。普通はパワーポイントの使い方とか、授業の進め方といった技術論に終始するのですが、僕はまったくそういうことやらなかった。ただ紙一枚配っただけ。要するに教育って今、成り立っているんでしょうか？っていう問題を提起したわけです。教育が成り立っていないから、FD研修が必要になってくる。じゃあ教育を成り立たせるには何が重要なのかというと、今ある価値観を否定するしかないんですね。合理主義とか効率性とか、受験で言えば有名大学合格者数ですね。わかりやすく数値に還元できるものではないもう一つの価値観を押し出すしかない。そこで僕が出したのは、「大いなる無駄」をやれっていうことでした。これが、受講していた教員の中で一番響いた言葉です。要するに「無駄」っていうことが結局、排除されて、効率主義による、数値還元システムに取り込まれていく。その一番対極にあることを、教員が進んでやって行かない限り、今の社会のシステムの流れが止まらない。学生の自発性を触発して、やる気を出させるには、効率性の外に出ることなんです。中村さんのやっている音楽もきっと同じ問題を抱えていると思うんですが、どうでしょうか。

学ぶことの多層性、破壊性

中村　そうですね、今、お二人の話を聞いて、私も頭の中にふっと思い浮かんだことがありました。江頭先生が、微積分か何か数学の問題を黒板に書いて、これを解けと言いました。かなり難しい問題で、長い時間をくれたのです。その間、江頭先生は何をしているかというと、大きい声で、「モンスター、オイスター、モンスター、オイスター」と、言いながら教室を歩いている訳です。で、私のところまで来て、私をつつきながら「おい、オイスターはモンスターかなあ、モンスターはオイスターか。共通しているのはスターだけか」と言うのです。私は混乱して頭がグラグラしてきました。様々なことを考え始めてしまったのです。自分がどうなるのかと思ったほどです。

後に感じたことですが、音楽の前衛的なもの、または複雑なものをやっていると、それに似たような感触が伝わってくるんです。江頭先生は私がこのような世界に行くということも知らなかったし、想像していなかったでしょうけれど、集合の話と共に、物事は常に一つの方向に行く訳ではなく、多重、多層構造になっているといったことを言いたかったのかな、と今では思います。そこまでご本人は意識していなかったとしても、江頭先生の口から飛び出たものが、私の無意識の構造の中に入って、今でも鳴り響いているのかな、と思います。

梶取　私は今でもドイツ・リートが好きで本番でも歌っています。演奏行為は一種の破壊活動だと思っています。譜面があるので、音程とリズムは正確でなければいけませんが、ソルフェージュ的に正確だから音楽になるという保証はありません。作曲家は自分の中のものを破壊しながら曲を創り出します。再現芸術家にしても、自分の中の何かを壊しながら、自分を再構築していきます。自分の中にはドロッとしたわけのわからないものもあります。それを正面から見据えるわけです。そのドローっとしたものが見えないと音楽になりません。クラシックというと、きれいごとでやっているように見えるかもしれませんがそうじゃない。譜面をさらって人前に出す時には、そのドロドロまで見せる。聴衆はそれが見えた時に感動する。感動というのは、伝わった人の中の何かが壊れることです。教育にしても「学ぶ」ことは、壊れることです。積み重ねることではなくて、何かあるものがボロっと壊れて、何か別のものができたとき、何かを学ぶことになるのではないか。それをやらないと面白くない。

私は東京私学の初任者研修にも講師として参加していますが、そこで感じることは、若い教員はものすごく素直ですが、教育にはパッケージのようなものがあるように思い込んでいる。そうじゃない。

話は飛びますけれども、山上学校は世間にあるようなサバイバル塾だとか、体験教室とはまったく違うものです。生徒が自分で地図を見て、生徒が先頭に立って歩きます。サバイバル塾だったら、鶏はこうさばくんだよってさばいてみせる。それは確かにすごいことですが、大人がやってみせるだけでなくて、お前たちちょっと迷って来いとほっぽり出すわけです。そういう体験をいっぱい持っている子供たちは大丈夫です。パッケージで育った子供たちは、そのパッケージしか知らないわけです。武蔵は「武蔵」というブランド名を貼り付けて、送り出すパッケージ工場ではありません。

高橋　梶取さんの、「教えることは壊すことだ」っていうことなんですけれども、僕が武蔵の先生方から一番教わったのは、なんて言ったらいいのかな、手を差し伸べて、親切に生徒の側に降りてくる、ということが教員の役割ではないっていうことです。先生たちが、持っているものを全力で生徒にぶつけて、まさにぶつけることによって、生徒の現にある存在をぶち壊しちゃう。それが、本質的な意味での先生の仕事なのかな。だから、こんな話をしたら生徒が理解できないんじゃないかとか、こんな話をしたら、生徒がついて来れないんじゃないかっていう風な心配。ちなみに、アメリカではある学科（ファカルティ）っていうのは、一年間ここからここまで学んだら、これだけの成果が出ますよっていう一つのマニュアルができないと認められないそうです。まさにパッケージですね。これは教育できるものなんだ、マニュアルを教えることによって。でも、こういう教育ほどつまらないものはないし、さっきも言ったようなシステム統合とか、根本的な問題って、結局そういうところから逆に生まれてくるんじゃないかと思うんです。だから、わかるかわからないかっていう言い方はちょっと乱暴なんだけれども、少なくとも立場上教える側に立っている者は自分の持ってる物を全力を尽くして生徒にぶつけていく。それによって、生徒たちの現にある存在、現状に安住しようとしている存在を、ぶち壊していくというところからしか、その生徒にとっても新しいものは始まらないんじゃないかな。そういう意味で、武蔵で一番学んだことというのは「背伸びしろ」ということでした。あんなに無理矢理背伸びさせられる学校ないですよ。普通の学校だったらもう少し世話してくれる。ああしたらいい、こうしたらいい、って頭撫でてもらえるような気がするけれど、あの学校は、とにかく背伸びしないと、あっという間に自分の存在理由がなくなってしまう。そういう学校だったなって改めて思います。音楽部なんて、とくにそうですよ。コーラスでね、とにかく選ぶ曲が半端じゃないんです。そんなのできるわけねーじゃないか、っていう曲を選んで、やってしまう。そういうのを先輩に叩き込まれた。そういうことが、やっぱり武蔵に関して一番思い出すっていう所かな。

中村　確かに、遥かに高い、遥かに深い、または恐ろしいくらいの境地という、すぐには「見えない」、「感じられない」ものがあるということを、僕らは教えてもらった気がしますね。

高橋　そう、そういうことだと思うんですよ。皆さん書かれている中で印象的だったのは、深津先生の漢文の授業の話がいっぱい出てくる。ここまで鮮明に覚えていなくて残念だったんだけれども、深津先生の漢文の授業を聞いていると、ちょっと極端な言い方をすると、孔子と同じ時代に生きて、孔子がどういう気持ちで『論語』という本を書いているのかっていうことを追体験できるような気がしてくる。目の前の深津先生が孔子に見えてくるっていうことね。武蔵の漢文っていうのはね、深津先生の前には内田泉之介先生っていう二松学舎の大先生がいました。この先生なんて、昔の「漢学者」という感じの先生でした。武蔵の漢文の授業は本当に独特でしたね。

梶取　今でもね、同じなんですけどね。

西谷　今の話で思い出したのは、今活躍しているプロデューサーが大学二年の時に、僕の早稲田での演劇論の授業に出ていて、その時見せられたビデオ作品で頭がなんかぐらぐらしちゃって、それでこんな尖がった企画をやるようになったと言っていました。何も知らない学生に、少々難解であったり、破壊的なものを見せても受け止めてくれる人は十年後、十五年後に活用してくれるんだなと思いましたね。

中高時代にどんな経験をしたか

梶取　難解かどうかは別として教師が面白いと思ったことをぶつけるしかないですよね。今でも覚えているのは、中学に入った時に物理の二見先生が生徒に「質量とは何か?」と問いました。わかるわけないですよ、中一には。重さじゃないって。じゃあ何?　そういうわけのわからないことがいっぱいあって、その授業がどうなっていくかっていうのも当然わかってない。でも今思い返すんです。当時は、どんな教育されていたのかよくわからない。しかしそういう問いかけ、投げかけがいっぱいあった。今でも地学の時間に、中一で薄片づくりをやります。岩石を削る作業を六時間やる。こんな無駄な授業ないですよ。ビデオ見せればすぐ終わる。それを一時間中やっている。急いで削りすぎると割れてしまいます。それで、もう一回最初からやり直し。このような効率の悪いことが大事なんです。こういうことをやっていかないと、今の子供たちも、日本もダメになる。

西谷　中学高校の時代にどんな体験をしたかは、その後の人生にすごく大きな影響を与えます。僕はベルリンの劇場に行った時に、高校生が五、六人くらいの小グループで芝居を観に来ていたのに遭遇しました。その時観た芝居っていうのは、『リチャード二世』、シェイクスピアの作品ですけれども、これがものすごく過激な演出で、破壊的な作品でした。これを高校生が観に来ているんだ、と思うとすごく驚きましたね。僕も高二の時に、「高校生のための歌舞伎教室」に行ったことを覚えています。でも国立劇場の二階席で騒いでいたことしか記憶にありません。日本の高校では、授業枠で演劇鑑賞会がありますが、これがたいてい面白くない。年齢に合わせたものを観せるというような風潮があって、こういうのが一番教育に良くないんじゃないかって思う。押し付け的なんです。だから生徒たちに小グループで自発的に劇場へ行かせて、今の最先端のものを見せるっていうのが一番効果的なんじゃないか。やっぱり十五、六歳くらいの感性はすごく吸収力があって、この時期に感性を鍛えていくと、目覚める者は確実にいるはずです。そういう機会を丁寧に用意していくっていうのが必要かもしれない。

高橋　今の西谷さんの話を聞いて思ったんですけれども、僕の知っている分野はコーラスなんですけれども、日本のコーラスの世界ってものすごく特殊です。学校教育と結びついているせいだと思います。でね、日本においては合唱と音楽の世界って、全然別ものなんです。だから日本で学校教育の一環としてコーラスをやってると、それは音楽の表現にならないんですよ。何かもっと得体の知れない、何かとてもグロテスクなものになってしまうんです。全然音楽体験にならないんですよ。

梶取　ただあれを奇異に感じない人たちが多いのが気持ち悪いですね。コンクールで金賞をとっている学校が上手いと思いません。テクニック的にはみんなうまい。でも口を大きく開けて歌うことが音楽とどう関係あるのか。私がイギリスのケンブリッジの教会で、子供たちのコーラス聞いた時、ああ、これがコーラスだと確信しました。日本の「発声重視」とは全然違うんです。合唱が教育の一環のようになっていて、そこで頑張るといいことがあるみたいな。そうじゃないものを、音楽で目指したい。

からだの謎を放置する

梶取　少し身体の話していいですか？竹内敏晴さんの著作集が先日出たので、読み直してみました（セレクション「竹内敏晴の『からだと思想』」、藤原書店）。西谷さんがインタビューしている部分がありますよね。竹内さんはずーっと身体について考え続けていたんですね。私もひらがなの「からだ」をずーっと考えて続けています。

イギリスでアレクサンダー・テクニックを学びました。そこでもずーっとからだの問題を考え続けていました。シェイクスピアの朗読もやりましたが、そこで学んだことを応用してドイツ語、英語、イタリア語など西洋の歌を歌っています。ミュージカルの「レ・ミゼラブル」に"Stars" というジャベールが歌う歌があります。"There,out in the darkness!" という歌詞で始まります。歌詞の朗読がしっかりできていないと歌になりません。音符を歌う前に言葉の語感、リズムが理解できていて、言葉を感じ取れなければ、音楽になりません。このような考え方を音楽の教育というか、すべての教育に落とし込みたいんですよ。「からだ」というのは私の中では、肉体＋心＋その他諸々を含んだものが、「からだ」なんです。そういうものを、今の子供たちに伝えたい。後でどう拾うかは子ども達の勝手です。西谷さんが仰ったようないろんな問いかけ、投げかけがあると、その中からいろいろなものが出てくるはずです。残念なのは、それが待てない世の中になっていることです。

西谷　以前、ラテンアメリカの教育の研究者と対談したことがあって、その時、僕が目から鱗が落ちたのは、「授業は誰のものか」「授業の内実とは何か」という問いでした。教師っていうのはとかく完成度の高い授業をやりたがって、レジュメや資料を上手く作ればいい授業だと思ってるけど、実はそんなことは関係なくて、その時間中に、学生や生徒が思ったことがその授業の内実なんだっていうことでした。そうすると、こちらは球をいっぱい投げ続けていくことが重要で、荒れ球でもいいからとにかく投げて送っていることが大事なんです。その中から生徒は関心のある事柄をひょいとつまみあげてくれる。それに任せる。時には、口ごもったり、つまって喋れなくなったりすることが、学生には、「ああ先生も詰まるくらい難問なんだな」ってリアリティ持って受け止めてくれたりする。やりとりっていうのは情報が決して等価ではない。あくまで非対称なんです。学生や生徒が受け止めたものと、先生が投げてるものは随分アンバランスで、こちらは勝手にやりたいことを喋るしかない。だけど、生徒は自由自在に素材を使いこなしてくれる。「教える」なんて言葉はとてもおこがましくて、僕には使えない。僕はこう考えるんだけど、君はどう?というのが、今の僕の学生へのスタンスです。ある意味で独学でしか切り開けないよと暗に言っているみたいだけど、独学をすすめてくれたのが、武蔵の教育だったんじゃないかな。

中村　先ほどの梶取先生のドローっとしたものとも関連するのですが、ある生徒が尺八のプロになりたいと言いまして、「先生、尺八のプロになるには、何をクリアすればいいんですか?」って聞いてきたんです。「音程とリズム、クリアすればいいですか?」、「それではだめだよ」、「じゃあ、音程とリズムと音質と、クリアすればいいですか?」、「いやそれでもだめだよ」、「尺八は何種競技ですか?」って言うんですよ。五つクリアすればいいのか、十クリアすればいいのか。そこで私も考えさせられました。もし数えられるのなら「一万種競技かな」と。もし数えられるとして、ですが。まあ、はっきり言って、数えられない。

武蔵の先生は、どの科目においても、そんな一つや二つじゃないよっていうことをずっと言外に言い続けてきてくれたのかなっていうようなことを改めて考えますね。

高橋　今「からだ」の話が出て、ちょっと思い出したことがありました。メルロ＝ポンティというフランスの現象学者がいて、二〇世紀の身体論、からだを巡る思想でいうと、やっぱりメルロ＝ポンティは一番外せない哲学者です。身体の話をする時に、こういうことをやるんですね。ちょっと皆さんね、この中指と薬指を反対に交差させて、ここになんでもいいんです、ボールペンでもなんでも挟んで頂けますか?　そうするとボールペン、挟んだものが二本あるって感じませんか?　これね、学生にやらせると、大体半々なんですよ。感じられる学生が半分、感じられない学生が半分です。でも普通にやれば、二本に感じるはずなんです。これがメルロ＝ポンティの身体論なんだよって話をします。まぁ極端な言い方ですけどね。我々のからだっていうのは客観的なものではない。なんでこれ二本に感じるかと言うと。普段我々の指は、中指と薬指がそのまま並んでいる形で成立する文法に慣らされているからです。ところが、中指と薬指を普段とは反対に交差させると、普段の「文法」とは違ってくる。つまり中指の人さし指側と薬指の小指側が触れるっていうことは我々の普通の身体の関係の中ではありえない。だからここにこれを挟むと、我々のからだは不可避的にこれを二本だと感じてしまう。これ、ちょっとでも離れてしまうと絶対二本に感じないんですね。

このこと一つとったって人間のからだって謎だらけだろう？っていうと、結構納得するんです。我々のからだは客観的に決して物理的な機械ではないし、何か決まりきったルールの上に、受動的に動いているシステムやメカニズムではないんです。もっと、もっと突拍子もない謎を含んだ、存在なんだっていうこと。からだっていうことに関して、今梶取さんが竹内さんの話をしたけれども、竹内さんの身体論なんかもまさにそういうことで、竹内さんがよく言うことでは、「からだを劈《ひら》く」、そういう謎に向かって僕らの身体を劈いていく。謎がない世界なんてつまらないわけですよ。絶対つまらない。でも、全体的には、我々の世界はどんどんどんどん謎をなくしていこうとしている。謎を全部埋めていって、透明化された明々白々で謎のない世界にしていこうという方向にものすごい勢いで進んでいる。そういう謎のない世界を作ろうとする流れの中から、例えば、原発のような技術も出てくるわけだし、情報化社会を生み出すネットワークも次から次へと出てくるわけです。そういうものによって、我々のからだに潜んでいる謎のようなものがどんどん埋められていって、果てに、何が現れるのか。それを我々に教えてくれたのは3・11だと思います。だからその謎がなくなった、完全に謎がなくなった瞬間というのは、やっぱり我々が滅び去るときじゃないのかな、という風に思わざるを得ないですよね。

西谷　謎を残すとか、無駄を推奨するとか、武蔵的な特徴がだいぶ浮かび上がってきたと思います。しかし、それをこの世の中でうまく溶かし込んでいくのが難しい。その現場の困難さと、でもやらないと存在理由がなくなるという使命感みたいなものが、ここで語られたのではないかと思います。

だいぶ時間も経ちましたので、そろそろ締めたいなと思うんですけれども、武蔵の独自の教育――あるいは反教育かもしれませんが――という問題が、だいぶ見えてきたな、と思います。僕らがこの本を書いている中で、ほぼ同時的に発見していたのは、たぶん僕らが受けた「教育」が今の自分に直結しているという発見だったんじゃないかと思います。そうしたものが今、社会の中で行き場を失っている。だからそれは言葉である程度明確にしない限り、その謎の所在が見えてこない。漠然とした不満で終わってしまう。この本は、四〇年前のことを考えようっていうことがスタート地点だったんですが、思わぬ鉱脈に巡り合ったなというのが率直な感想です。それから四〇年経って、もう二一世紀になってしまったのですが、その先のことを考えなくではいけない。ここで見えてきたものを基盤にしながら、還暦を迎えるに当たって、これからの生き方を探りたい。それを共通の課題にしたいという風に思います。

そういうことで今日は長い間、どうもありがとうございました。

（二〇一三年一一月一〇日、渋谷スンダランドカフェにて）

II 特別寄稿

［特別寄稿］①

〈破壊的性格〉の時代

――西谷雅英氏への手紙

中条省平

西谷雅英様

このたびは『僕らが育った時代 1967―1973』をご恵贈くださいまして、心よりお礼を申しあげます。読了して、ここに「僕らが育った時代」があると痛感しました。

とくに、西谷さんと中村明一さんの論述はまさに私も同質の時間を生きたといいうるもので、いまでも付きあいのある麻布中学・高校の仲間も共有しているはずの文化的経験です。そして、それは「文化」や「教養」ではなく、私たちの精神の「肉体」であると、いまでもことあるごとに痛感しているものです。

それだけに、これだけは書き残しておかねば、という西谷さんと盟友の方々の真摯な気持ちがひしひしと伝わってきて、興奮しました。

正直いって、麻布版の先を越されたという嫉妬の気持ちさえ湧いてきます。しかし、この本を作りあげるまでの手間ひまを考えれば、麻布の呑気で能天気な連中にはこうした強靭な忍耐力を必要とする仕事は不可能だったでしょう。この快挙に畏怖を感じつつ、心よりうれしくお祝いを申しあげます。

私自身、『中条省平は二度死ぬ』（二〇〇四年、清流出版）というエッセー集をまとめたとき、その巻頭に一九六八年前後の自分の文化的経験を思いおこすメモワールを書き下ろしで収録し、さらに中学・高校時代に「季刊フィルム」という前衛的な映画批評誌に寄稿した文章のいくつかを再録しました。過去のあまりに未熟な文章をいまさら人目にさらすのは顔から火を噴くほど恥ずかしかったのですが、それもまた当時の自分の姿であり、時代の記録としては多少意味があるかなと思ったからです。そのメモワールの最後に私はこう記しました。

「いま振りかえって思うのは、六七～八年という社会的にも文化的にも濃密な激動の時期と、私個人の自己形成の最も濃密な時期が重なりあっていた運命の不思議さである。私は政治的人間ではなかった。高校の友人に誘われてトロツキストの国際秘密集会に参加したり、麻布学園闘争でリンチした血みどろの校長を引っ立てて麻布警察署に向かう暴徒の群れの一員になったりしたことはあるが、政治的信念のようなものはいっさいなかった。にもかかわらず、この世界に確実なものはなにひとつなく、すべてを破壊してもかまわないのだという時代の気分の影響を大きく受けていた。政治の世界においてすべてを破壊してもかまわないという思想はテロリズムとニヒリズムに行きつくほかないだろうが、芸術の世界においては、その思想が許される。そして、六七～八年のあの時期、私はその思想をなかば本気で信じていた。時代と個人がクロスする運命のなしたわざだったというほかない」

「すべてを破壊してもかまわないのだという時代の気分」という表現には典拠があります。ベンヤミンの「破壊的性格」という小文です。私はこの目の覚めるように素晴らしい文章を「季刊フィルム」創刊号の「発刊の辞」で知りました。そこにはこう書かれていました。

「ぼくらは、映画を芸術として限定はしない。映画を、ひとつの、ワルター・ベンヤミンのいう〈破壊的性格〉として捉え、所有するのだ！

《破壊的性格は持続を認めない。だからこそ、逆に、いたるところに道が見えるのである。他のひとびとが壁にぶつかったり、山塊に出くわしたりするところでも、破壊的性格は道をみつける。しかしまた、いたるところに道が見えるからこそ、逆に、いたるところで道から外れていかねばならなくなる》（ワルター・ベンヤミン　高原宏平訳）

来たれ、大いなる魂よ！　ぼくらはきみをよぶ。きみをまねく。／季刊〈フィルム〉編集委員会／文責＝山田宏一・粟津潔」

なんと鮮烈なマニフェストでしょう！　私は「季刊フィルム」という雑誌と、ワルター・ベンヤミンという未知の人物の両方にたちまち心の底から魅了されてしまいました。

ところで、いまだに謎の解けないことがあります。ベンヤミンの高原宏平訳「破壊的性格」は、晶文社から発行された『ヴァルター・ベンヤミン著作集』の最初の配本である第一巻『暴力批判論』に収録されているのですが、この本が出版されたのは一九六九年五月です。ところが、「破壊的性格」の引用を含む「季刊フィルム」創刊号はその前年の一九六八年一〇月に出ているのです！ この時代錯誤は何に由来するものなのでしょうか？

ともあれ、私はまもなく『暴力批判論』を東京・自由が丘の三省堂書店で買い求め、そのなかのわずか四ページのエッセー「破壊的性格」を一時期ほとんどバイブルのように愛読していました（ちなみに「破壊的性格」のモデルはベンヤミンの友人のブレヒトだという説があります）。こうした「破壊的性格」の時代の気分をいちばん濃密に経験したのは、先ほど引用した文章でも触れた麻布学園闘争の顚末においてです。しかし、その「破壊的性格」のありようは、皮肉なことにベンヤミンの陽気な熱狂を失い、ひどくネガティヴな気分に変質してしまったのです。武蔵中学・高校の諸氏の回想を読んでいて感じたのは、幸運にも武蔵には麻布のようなつらい闘争がなかったのだなという、羨望のため息が交じるような感慨です。だから総じて武蔵のみなさんの回想は“the happy few”の気分に満ちています。しかし、麻布の場合、校長代行の強権に弾圧されたつらい経験と、学校闘争の苦い後味を抜きにしては、あの時代を語ることができないのです。

たとえば、『僕らが育った時代』でも言及されている労作に小林哲夫『高校紛争 1969―1970』（二〇一二年、中公新書）がありますが、その本のなかで著者はさまざまな当事者の証言を引きながら、麻布闘争は「高校紛争では数少ない、生徒側が『勝利』した」ものであり、「その日［山内《やまのうち》一郎校長代行の独裁的強圧体制が始まった日］から一年半、生徒、教師それぞれが知恵をしぼっての抵抗が、学校の日常生活の底で辛抱強く持続され」、ついに山内体制を打倒したのち、「生徒も教師も自治意識に目覚めて組織が一新され」、その結果、「生徒、教師、保護者を貫くのは、自分たちのことは自分たちで考え、自分たちで行うという精神であり、学校は自分たちが作るという共通理解が生まれた」と書いています（当事者の証言の引用を含む）。

もちろん、ここには一面の真実があります。麻布闘争にはそういうポジティブな局面もあったでしょう。しかし、山内体制を打倒したのは、純粋な暴力でした。

一九七一年秋。生徒側の校内突撃、山内代行による機動隊導入、ロックアウト（学校閉鎖、生徒・教師の締め出し）を経て、一一月一四日、山内代行と生徒、教師、父母らが話しあいをおこなう全校集会の二日目のことでした。夕刻には秋の早い夜の闇が下り、雨も降りだしていました。その雨の糸を照明用の灯光器の光がぎらぎらと照らしだすなか、山内とのらちの開かない押し問答に参会者の苛立ちは募っていました。すると、激昂した生徒の一人が拳を振りかぶって山内に殴りかかったのです。そして、周囲の群衆が堰を切ったように山内に向かって殺到し、山内はあっとうまに人波に沈んで見えなくなりました。この集団リンチの動きを制止しようとした教師たちの姿も見えましたが、止めることはできませんでした。一年半の怨みつらみが凝縮された暴力衝動を刹那、私も胸の奥底で共有していました。しかし、次の瞬間、私は「山内は殺される、麻布は終わりだ」と思いました。足元に深い穴が開くような崩壊感覚だったと思います。それからどのくらい経ったのか憶えていません。数十秒だったか数分だったか、ふらふらと山内の血みどろの禿げ頭が現れました。「よかった、山内は生きていた」と私を含めて多くの参会者がともかく安堵したことでしょう。

かくして、暴力的リンチによって山内は敗北を認めることを強制され、一部の生徒に両脇から引っ立てられるようにして、よろよろと歩きはじめました。行先は麻布警察署です。山内の機動隊導入で逮捕され麻布警察署に拘留中の生徒数名の釈放を要求させるためです。山内を引っ立てる行列に参加しながら、私はふたたび深い崩壊感覚に捕われていました。フランス革命で貴族の首を槍の先に刺して練り歩いた群衆もこんな感じだったのだろうか、と奇妙に他人ごとの感想を抱いたことをいまでも憶えています。こんなことをしても警察がまともに取りあうはずがないのに、と思い、暴力的リンチによる目先の勝利に酔うことはできませんでした。案の定、麻布警察は機動隊と機甲車を出して、デモに参加したことのある者にはお馴染みの、あの「三々五々解散しなさい」のフレーズを聞かされただけです。結局、だらだらとなしくずし的に解散するほかありませんでした。

こんな暴力的手段に訴えながら、なぜ生徒側が勝利できたかというと、まもなく山内が学校の金の使いこみをやっていたことがばれてしまったからです。山内が生徒たちの暴力によって大けがを負わされたと被害届を出せば学校でも裁判でも絶対に勝てたはずですが、公金横領の発覚により、山内代行はあらゆる自己正当化の手立てを失い、代行側についていた理事会、一部教師、父母、生徒たちはまったく大義名分をなくしました。彼らは沈黙に引きこもり、あるいは学校を去るほかなくなりました。これが麻布闘争における生徒側の完全勝利の本当の理由です。山内の公金横領がなければ、その後の麻布がどうなっていたかは分かりません。というより、麻布の「自由な校風」は息を断たれていたでしょう。その意味で、麻布学園闘争の勝利は偶然の産物といえるかもしれません。

その後、麻布学園にはアナーキーの嵐が吹き荒れました。代行側の教師は権威を失い、ほとんどの生徒たちからボイコットされました。彼らの授業の教室には人が誰も来ず、そのことを知らずに無人の教室で煙草を吸っている生徒がいても、彼らは見て見ぬふりをしてたち去るといった具合でした。

学校全体に「すべてを破壊してもかまわないのだという時代の気分」がたちこめていました。解放の興奮は一時的なもので、そのあとには妙に自堕落なニヒリズムが襲ってきました。学校には何も期待しないという空気のなかで、まもなく受験を控えた生徒たち（私は高二でした）は勝手に勉強をしたり、勝手に遊んだりする日々に呑みこまれていきました。

私自身は一年浪人したあと、東京外国語大学英米語学科に入学しましたが、ほとんど授業にも出ず三年後に退学しました。大学の授業がひどくつまらなかったという事実もさることながら、この無気力ぶりには、「すべてを破壊した」麻布学園闘争後のニヒルな気分が影を落としていたことはまちがいありません。……

武蔵のみなさんの回想に刺激されて、麻布学園闘争の記憶を開陳することになるとは思いもかけぬ仕儀となりましたが、これも「僕らが育った時代」の一面の記録であると思います。お読みいただけたことを感謝いたします。それではどうかお元気で。ご免ください。

［特別寄稿］②

『僕らが育った時代』書評

小林哲夫

一九七〇年六月二三日。

日米安保条約の自動延長が決まった日である。都内は騒然としていた。主要駅周辺でデモが行われ、機動隊との衝突があった。逮捕者も多数出している。

この日、武蔵中学の一、二年生には休校措置がとられた。安保反対デモで交通機関のマヒが予想され、通学に支障を来すと判断されたからだ。しかし、中学三年生、武蔵高校全生徒は休校にならなかった。もっとも、授業は行われていない。学校は生徒の思いをくみ取って、安保条約をめぐってクラスや学年単位で討論の時間にあてられたのである。当時、教頭だった大坪秀二氏は、この日の様子を日誌にこう綴っている。

「一、二限各クラス討論。三、四限高二、高一、中三の各学年討論。終わりて、安保反対デモに約一五〇名出かける。正門にて大学生と合流して出発」。

四〇年後、大坪氏は次のように回顧している。

「『高校生が政治活動を行うのは何が何でも許せない』式の文部省方針に従う多数高校とは一線を画して、生徒たちがこの日をどのように過ごすべきか、本気で十分に討論した上で行動の方針を決めたらよかろうと、一日の授業時間を生徒にまかせた。大げさに言えば、一国の将来を大きく支配する基本が定められるこの日に、自分の意志に自分を律する経験を得損なうのは、生徒たちにとってまことに重大な損失である事を、彼等に伝えたかった。結果として、午後に大学生と高中生とが合同で校外へ出て、整然としたデモ行進を行った。学校が承認したデモと理解され、力による弾圧はなかった」（日誌、回顧は『武蔵学園史年報　第十四号』〈二〇〇九年三月刊〉より引用）。

すこしだけ解説しよう。一九六八年から七〇年にかけて、ベトナム反戦、沖縄基地返還、安保条約反対を訴えて、高校生がデモや集会に参加することが多くなった。逮捕者も多く出していた。これに対して、文部省（当時）は、高校生活動家を革命家予備軍とみなすようになり、「高校生の政治活動禁止」という方針を打ち出した。都道府県教育委員会は管轄する公立高校に、政治活動する生徒に厳しい処分を科すように指導したのである。

しかし、大坪氏に言わせれば、武蔵高校にこんな通達はなじまない。国の一大事に対して、生徒はしっかり考えるべきであり、それがデモ参加などの行動につながって政治活動とみなされても、武蔵高校は認める——ということである。

「封鎖する理由がなかった」

びっくりした。

拙著『高校紛争　１９６９－１９７０』（中公新書　二〇一二年二月刊）を執筆するにあたって、わたしは武蔵学園の古い資料を読みこんだ。大坪さんからもたくさんの話をうかがった。そして、同校の当時の様子を知るほど、権力におもねることのない独自の校風を貫いていたことがわかった。

私立は規則が厳しい、公立は自由である、という俗説がある。たしかに一部の私立の校則は公立にくらべて管理主義的でかなり厳しい。当時、登下校の飲食店立ち寄りの制限、男女交際の禁止など、私立のなかには、人権を無視したような規則を課していた学校があった。

しかし、私立は国や自治体の指導を受ける立場にはない。なお、これは現在にもあてはまる。昨今、都立高校の式典で君が代、日の丸が義務づけられているなか、たとえば、麻布高校はそれをまったく無視している。前校長の氷上信廣さんは在職中、「いまの『卒業式における国旗国歌の遵守』は、ただの教育に対する統制手段としか見えない」（ウェブサイト「News　ポストセブン」二〇一二年三月）と、言って憚らない。

話を一九六九年に戻す。国の方針である「高校生の政治活動禁止」を、武蔵高校は受け入れる筋合いのものではない、と突っぱねたことになる。大坪さんの回顧を読むと、武蔵高校は政治活動を「承認」するばかりか、それを、「自分の意志に自分を律する経験」と位置づけている、いや、奨励しているというようにも読み取れる。大坪さんが記した当時の日誌を読むと、一九六八年から七〇年まで、武蔵高校の生徒がデモ参加で数人逮捕されている。しかし、停学などの処分を下されていない。

一九六九年秋、都内で多くの学校がバリケード封鎖された。政治活動を「承認」する武蔵高校でも、きっとハデな封鎖が起こったはずと思ってしまうが、そのような史実はない。学校側と対立していたグループによる封鎖計画はあったが、未遂に終わってしまう。なぜだろうか。大坪さんにたずねると、こう説明してくれた。「政治活動を禁止せず、逮捕者への処分はない。厳しい校則もない。ようするに、封鎖する理由がなかったからでしょう」。

指導要領無視し教科書を逸脱

封鎖する理由がない武蔵学園とは、いったいどんな学校なのか。

その答えの一端を示してくれたのが、『僕らが育った時代　1967‐1973』である。同書を読んで、武蔵の教育の特徴を強引にひとことで言うならば、「徹底的に考えさせる」ではないだろうか。むろん、それを強いる訳ではない。自分自身を考えること、社会のありようを考えることを養う教育をする、それが武蔵の教員に通底した教育理念ではないか、とわたしは理解した。

その手段は教員まかせだった。学習指導要領に縛られない。大学受験対策の教育は行わない。自分が熱中している（得意とする）専門分野を生徒に開陳する。二〇〇六年、高校の未履修科目問題が起こった。学習指導要領上、教育を義務づけられた科目の授業が行われず、受験対策の授業を行ったことが厳しく批判される。指導要領を無視したという意味で、武蔵も「同罪」であるが、その理由は正反対だった。義務づけられた科目を教えるといっても、その中身は教科書を逸脱あるいは使わず、教員の目下の関心事を教えていたケースがあったのだから。

たとえば、現代国語の佐藤先生は「『ぼくは現代文ができないから古文をやる』と宣言して、絶対に受験に出ない江戸文学を一年間やった」、物理の森先生は「ニュートンの『プリンキピア』（自然哲学の数学的原理）の原書をプリントして、それで力学おしえてたんだもん」（いずれも同書一九ページ）。「中学の時の大野先生の授業って、いろいろな小説を自分でテープに吹きこんできて授業中にまわして、自分は寝ていた」（二四ページ）。日本史の城谷先生の授業は「『教科書は自分で読んでおけ』とあらかじめ試験範囲が指定され、授業そのものは、歴史学上の論争を紹介するという大学レベルの内容」（一二〇ページ）。

こうした教員の自由な発想が生徒に伝播し、いやが上でも考えないことには、中学高校生活をまっとうできない。これが、あとから気づくものとして、「教養」なのであろう。

政治活動は考えた上での行動である。「教養」から生徒なりに導き出した結論である。したがって政治活動を禁止する、違反者は処分するという方針は、武蔵の教育理念に相反するということになる。

徹底的に考えさせる。これを武蔵の出身者の特徴と強引に結びつけるならば、官僚が少ない。学者が多い、という状況につながっていく。

「教養」を辛抱強く訴えてほしい

しかし、こうした教育理念が世の中に受け入れられなくなったという現実がある。受験対策に背を向けること、そこから自らの大学合格実績を誇るという発想は間違っても生まれない。武蔵高校は東大合格者数についてメディアに公表したがらない時期がある。それを美徳としていたが、そんな時代は長く続かなかった。いまや、中学受験塾関係者は、武蔵が東大合格者数で「御三家」からはずれたと位置づけ、その原因を大学合格情報非公表主義、受験対策特化型授業の未実施と見ている。たしかに、「東大コース」を売り物にする新興の私立中高一貫校に、東大合格者数で後塵を拝している。

いまはどうなったか。

大学合格実績公表についていえば、最近、すこし変化した。『週刊朝日』『サンデー毎日』からの東大合格者数調査に、合格発表日に対応するようになった。武蔵学園のウェブサイトにもその日のうちに掲載されている。

受験対策特化型授業は行われていない。これは現教員を、東進ハイスクールのような「今でしょ」の受験プロ講師に総入れ替えしないと無理である。もちろん、いま、武蔵にはそんな発想は微塵もない。「教養」を捨て去ることは、武蔵のアイデンティティーを否定することになるのだから。

では、いまの中学受験生、そして保護者に、武蔵のこうしたアイデンティティーを伝えることができるのか。

最近、学校選びで、東大合格者実績という成果主義的な面のみを重視するという風潮がすこしずつ見直されている。いかに楽しい学校生活を過ごせるか。そのためにはおもしろいことを学べるか。保護者のあいだで、「東大コース」で受験オンリーの教育よりも、将来の生き方の糧になる「教養」のほうが、わが子のためなるのではないか、という見方も出てきた。これらは、まだ、少数派だが、もし、「御三家」復活を期するのであれば、受験対策特化型授業より、「教養」を辛抱強く訴えるしかない。そのための方法をもっともっと考えるべきである。学校案内で『僕らが育った時代　１９６７－１９７３』のエッセンスを知らせてもいい。黙っていてはなにも伝わらない。武蔵の生徒、教職員、ＯＢはもっともっと表に出て、武蔵を伝えてほしい。伝道師のように。

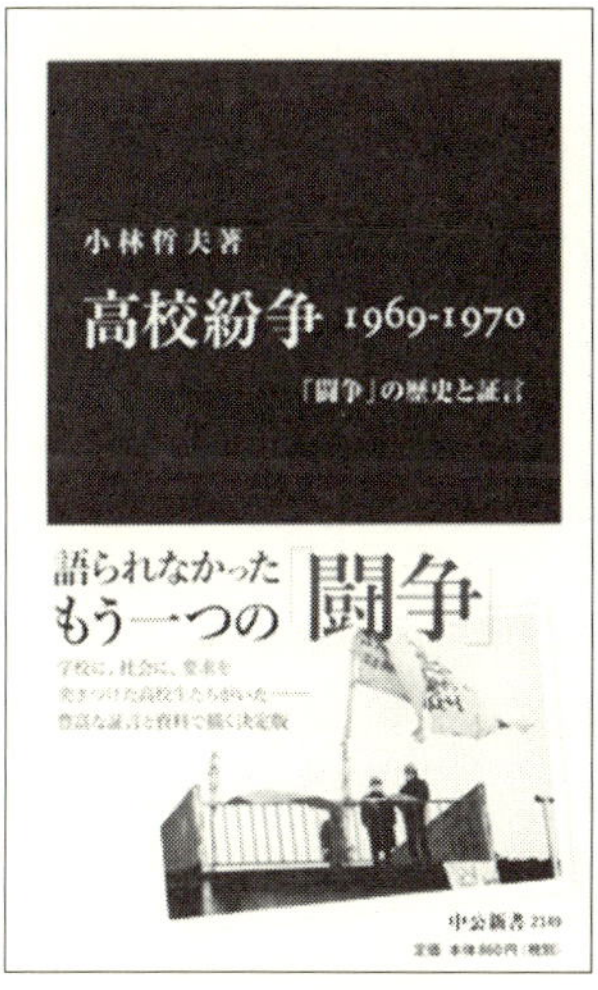

高校紛争　1969-1970　「闘争」の歴史と証言
小林哲夫 著（中公新書）

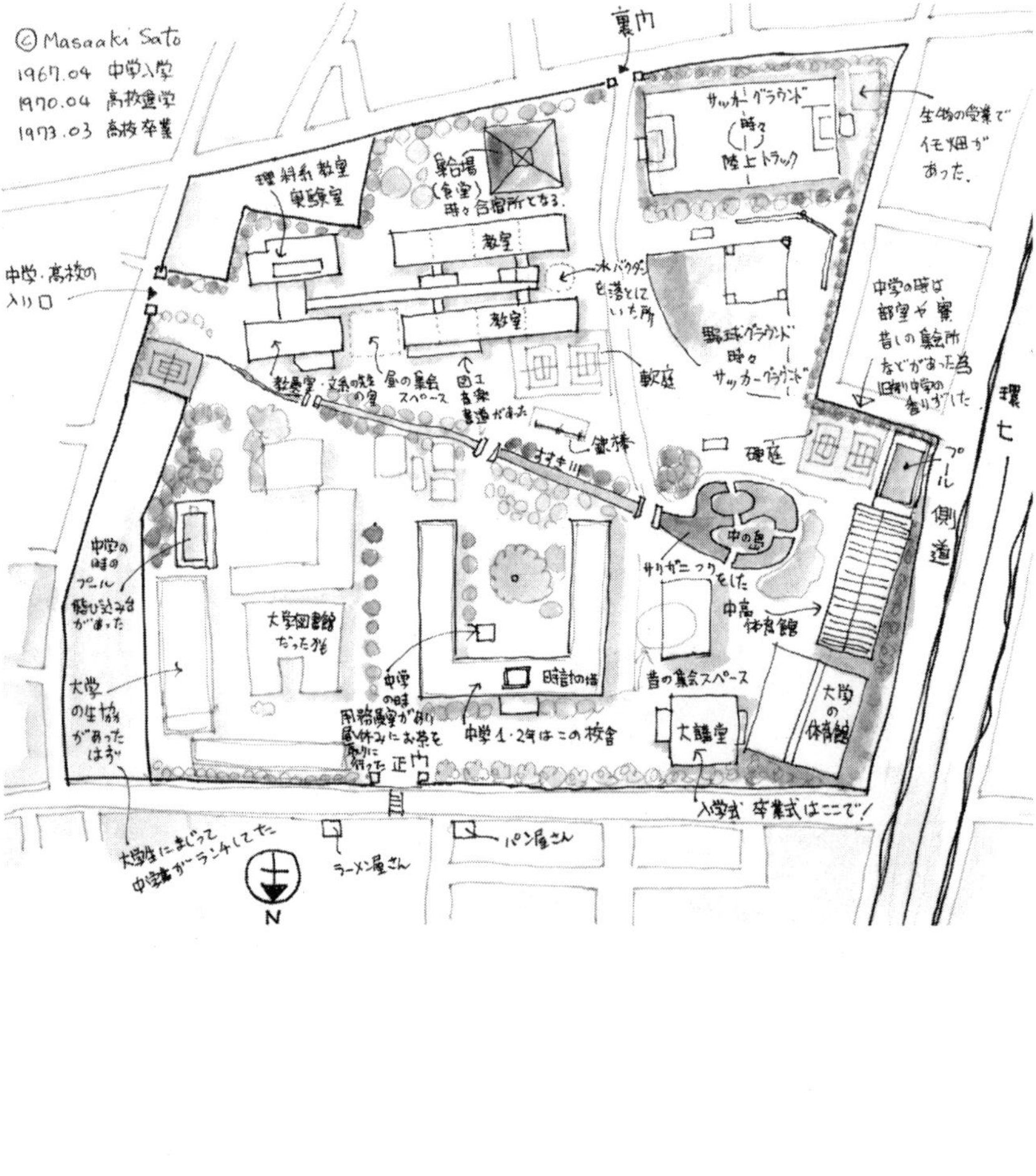

© Masaaki Sato
1967.04 中学入学
1970.04 高校進学
1973.03 高校卒業
裏門
サッカーグラウンド
時々
陸上トラック
生物の授業でイモ畑があった。
集合場（食堂）時々合宿所となる。
理科系教室 実験室
教室
教室
水バケツを落としていた所
中学・高校の入り口
野球グラウンド 時々 サッカーグラウンド
中学の時は部室や寮 昔しの集会所などがあった為 旧制中学の香りがした
環七
教員室・文系の先生の室
昼の集会スペース
図工 音楽 書道があった
軟庭
鉄棒
すずかけ
硬庭
プール
側道
中の島
ザリガニつりをした
中高体育館
中学の時のプール 飛び込み台があった
大学図書館だったかも
大学の生協があったはず
中学の時 用務員室があり 昼休みにお茶を取りに行った
正門
時計の塔
中学1・2年はこの校舎
昔の集会スペース
大講堂
大学の体育館
入学式 卒業式はここで！
大学生にまじって中学生がランチしてた
ラーメン屋さん
パン屋さん
N

Ⅲ　あれから四〇年経って……

武蔵の校是と伊能忠敬

渡辺惣樹

五十歳を越えた頃だろうか。何故か漢詩に惹かれるようになった。「人生五十功無きを愧《は》ず（人生五十愧無功）」（細川頼之）やら「人生五十有余年、人間の是非は一夢の中（人生五十有余年人間是非一夢中）」（良寛）などの有名な句を暗誦して乙に入っている。そのたびに深津先生の漢文の時間を思い出し、もう少ししっかりと勉強していればよかったなと反省する羽目になる。漢文を真面目に学ばなかった言い訳になるが、どれだけ真剣に先生の講義を聞いていたとしても、十代の私には漢詩の解釈はできても味わうことは出来なかっただろう。五十年の時を刻んでやっと先人の心に触れられる時が巡ってきたのだと思っている。

しかし、その五十代でさえもう終わろうとしている。田舎の中学校からの編入生であった私に付き添って、正田健次郎校長先生の入学式の訓示に感激していた母も冥界に旅立ってしまった。多くのクラスメートも同じように父や母との別れを経験しているに違いない。「五十の児に七十の母有り、此の福を得ること人間《じんかん》まさに得難るべし」（頼山陽）で、いまだに健康な両親を持っていれば、それはそれで素晴らしいことである。

上記の漢詩の一節からもわかるように暫く前は人生五十年であった。しかし私たちの世代は幸いなことに三〇年ほどおまけの人生を戴いている。そんな中で二〇一四年にいよいよ還暦を迎えることになる。つまり人生の四分の三の節目を迎えるわけである。残された四分の一の人生をどう生きるのか。みなそれぞれの思いがあるに違いない。

正田校長先生の言葉がいかなるものだったのか私はあまり覚えてはいない。田舎の中学校の規則で坊主頭にしていたことが気になって仕方なく、ただきょろきょろしていたのを思い出す。母の方はじっくり耳を傾けていたらしく「良いお話だった」とよく言っていた。それでも先生のお話が武蔵の校是にかかわるものだったことだけは記憶している。同窓生には言わずもがなであるがもう一度ここに列挙しておきたい。

一　東西文化融合のわが民族理想を遂行し得べき人物
二　世界に雄飛するにたえる人物
三　自ら調べ自ら考える力のある人物

この校是はもちろん外国に移住することをすすめるものではない。しかし私は校是を言葉のままに解釈してしまった。「世界に雄飛」しようとカナダにやってきてしまった。日本の大手企業に就職してから五年後のことであった。なんのあてもなく、金もなく、カナダの西海岸のバンクーバーで小さな会社を立ち上げた。

その後、同級生がこの町を訪れてくれた。異国にやってきてくれた同級生との再会は嬉しいものである。郷古恒彦君とのゴルフラウンドでは人生はじめての七〇台が出た。この町の音楽集団とのコラボ演奏にやってきた中村明一君の尺八はそれは見事なものだった。学会を利用して寺本研一君も顔を見せてくれ、我が家で昔話を弾ませた。

カナダやアメリカの企業家連中は五十を過ぎたらどれだけ早くリタイアできるかを考える。立ち上げた会社を売った金で世界中を周っている連中と何度も飛行機の座席で隣り合った。私も知らず知らず彼らの影響を受けていた。ただ彼らのように世界旅行を楽しんだり、ゴルフ三昧だったり、東南アジアのリゾートでのんびり暮らすような生活には魅力を感じなかった。

私が大学で学んだ学問は経済学とマーケティング学であった。前者は理論の出発点となる仮定の置き方で結論が大きくぶれるもので、言ってみれば煙を捕虫網でつかまえるような代物である。学問といえるかどうか怪しい。捕虫網の中には少しばかりの煙は残ってはいるが、生きた経済の理解とはほど遠い。後者のマーケティング学は所詮金儲けのための学問であった。私が好きな学問は歴史学であった。真崎駒男先生の世界史がたまらなく好きだった。夏休みの課題レポートに真面目に取り組んだ記憶もあるし、先生からのコメントに一喜一憂していたことが懐かしい。いつか本当の学問にチャレンジしたいと思っていた。

五十歳を越えたころから、早めにリタイアして、もう一度好きな歴史を学びたいという気持ちが強くなっていた。もちろん仕事があまり好きではなかったから、早く引退したいと思っていただけかもしれない。こんな時期に思い出したのは化学の伊能先生であった。伊能先生は確か武蔵大学の教授ではなかったかと思うが、なぜか高校の授業で講義してくれたことがあったような気がする。私は理数系が大の苦手だったから後ろの方の席について極力先生と視線が合わないようにしていた。最前列は清水章君らが講義に聞き入っていたと思う。伊能先生がかの有名な伊能忠敬の子孫であることは皆知っていた。平成十六年十一月に、アメリカから里帰りした地図（伊能大図）が武蔵大学で公開されたのも伊能先生との縁であったはずである。

伊能忠敬の功績は誰でも知っている。日本各地に忠敬の足跡を示す顕彰碑をみることができる。五十を越えたころから伊能忠敬の人生が気になってきたのは、彼の測量学（地図作成）における功績に感激したからではなかった。むしろ、彼が養子縁組してやってきた佐原の造り酒屋の商売を軌道にのせたあと、さっさと息子にあとを任せ、学びたかった測量学の道を進んだ人生そのものへの憧れであった。

興味を持った人物の足跡を追うことは愉快な作業である。手始めに佐原の伊能忠敬記念館を訪れ、また同地に残る伊能家の母屋と店舗を見に行った。共感できる人生を送った人物の生きた時代に触れると気持ちは高揚する。日本各地を周るときも伊能が訪れた街の顕彰碑があればみることを心がけた。函館山の山頂では、頂からの眺めの感動も思い出深いが、そこで見つけた伊能顕彰碑にはそれ以上に感激した。

伊能が徳川幕府の許しを得て蝦夷地の測量に向かったのは一八〇〇年のことであった。その時の伊能は五十五歳である。もちろん、造り酒屋の主人であった忠敬が簡単に高度な測量技術を身につけられるはずもない。天文学の大家高橋至時《よしとき》の門下生として五十歳の時に本格的な学問を始めている。

伊能の真似をしようとしても彼の足元にも及ばないことは百も承知である。しかし学者の道を歩んでこなかったとしても挑戦することに怖気づく必要はない。伊能の人生はそれを教えてくれているのではないかと感じた。このような思考ができたのは武蔵と縁のある伊能に興味を持っていたからに他ならない。ビジネスの世界から足を洗って、真崎先生から学んだ歴史学をもう一度、一からやり直したいと考えたのは五十三、四歳のころであったと思う。

当時、大学に戻って歴史学を学ぶことも考えた。しかし、外国に住んでいる環境では適当な学びの場は簡単には見つからない。幸いなことに、武蔵の校是にはこの悩みへの回答も用意されていた。「自ら調べ自ら考える」。真崎先生の授業も先生自ら準備されていたレジメに沿ったものだった。市販の教科書など使ってはいなかった。自分で考えながら調べていけばよい。そういう教育を受けてきた。学校に通わずとも何とかなるはずだと武蔵の校是が私に言い聞かせてくれていた。

ある出版社から私の研究の成果を発表できたのは二〇〇九年の暮れのことであった（『日本開国：アメリカがペリー艦隊を派遣した本当の理由』草思社）。幸いなことに（信じられないことに）、この処女作が山本七平賞の最終候補作品に選ばれた。もちろんこの年の賞は逃した。しかし、私の作業に何らかの価値がありそうなことだけは気づくことができた。私にとっては人生の大事件であった。

この『事件』以後も日米外交史をテーマに著作翻訳活動を続けてきた。本年（二〇一三年）六月に上梓した六冊目の著作『日米衝突の萌芽　1898－1918』（草思社）で念願の第二十二回山本七平賞（奨励賞）を受賞することができた。人間というものはそれほど強いものではない。他者に評価されなければ前に進めないものである。評価されずに進むことは可能だけれども、それは水なしでマラソンを走るようなものだろう。私には受賞の報が、へたれこんだマラソンランナーに届いた魔法の水のように感じられた。

同級生の仲間もそれぞれの分野で活躍し、その業績は著書を通じて知ることができる。バンクーバーを訪ねてくれた中村君は『密息で身体が変わる』、『倍音』を、寺本君は専門書だけでなく一般書である『あなたのがんリスクを確実に減らす本』、『病気にならない体のつくり方』などを発表している。分野が違うけれども同じように努力している仲間が多いことは心強いものである。これも武蔵に学んだ賜物である。

伊能忠敬は、十八年間にわたって日本全国の測量を続けた。伊能が亡くなったのは七十三歳のときである。伊能は上野駅に近い源空寺に眠っている。その墓は師の高橋至時の傍らにある。私がはじめてこの寺を訪れたのは最初の作品を仕上げた翌春の温かい日であった。次回の帰国の際にはもう一度伊能のお墓を訪ねるつもりである。伊能の人生は武蔵の校是そのものである。彼との距離は途方もなく遠いけれども、少しでも近づこうとする限り人生に飽くことはないに違いない。

武蔵で受けた教育がなければ、伊能にこれほどの関心は寄せなかっただろうし、これからの人生の羅針盤を見つけるのに随分と苦労したはずである。武蔵で培われた魂を枯らすことなく、「壮而学則老而不衰（壮にして学べば、すなわち老いて衰えず）」（佐藤一斎）を肝に銘じて残りの人生を歩みたいものである。

人生の賞味期限

石橋直人

夜中に目を覚ました。

一呼吸おいて頭の中で地球がグルリと一回りする。いま私はいったいどこにいるのだろうか？　地球を宇宙から眺めている自分が居場所を求めて探している。昨夜は会食のあとメールをチェックしてベッドにもぐり込んだのだった。

寝る前に睡眠薬を飲まなかったのがいけなかったのか、スマホの時計はまだ二時をしめしている。

これまで通算十六年、六回、四ヵ国にわたる海外赴任生活、多い時は毎週のように世界中を飛び回ってきた生活。お陰で航空会社には大いに貢献できたと思っているが、果たしてこれまで歩んできた道のりはいったい何だったのだろうか？　武蔵を卒業後工学部に進み六年後無事弱電メーカーに就職して以降、世界中のいろいろな人々とめぐり合うなかで人並みに充実した日々を過ごすことが出来たように思う。武蔵学園の三大理想のひとつに、世界に雄飛たる人物になること、というのがあったと記憶しているが、自分はその理想を少しでも実践出来たのだろうか？　これを機に歩んできた道を振り返ってみるのも悪くはないだろう。

＊

初めて海を渡ったのは新婚まもない二十代最後の年。初めての赴任地、米国サンディエゴだ。何もかもが新鮮で無我夢中で過ごした三年間。長女の米国パスポート申請で彼女の代わりに星条旗を前に宣誓させられたあの日、米国という移民国家の成り立ちを実感した。当時はまだインターネットはもちろんなく、毎朝東京から送られてくるファックスにその日の夕方返信するという今にして思えばなんとも牧歌的な時の流れの中にいたのだろうか。ロサンゼルスオリンピックやスペースシャトル・チャレンジャー号の悲劇にテレビの前に釘付けになった日々、今思うと無邪気にそして素直にアメリカの雰囲気に触れた最初の経験であった。

そして三十代後半、携帯端末事業参入を目論んでの合弁事業立ち上げに参画の為、二度目のサンディエゴ赴任。当時アナログからデジタルへ通信方式が大きな変化点を迎えており、欧州発と米国発の技術標準が世界の覇権を巡って激しくやり合っていた最中であった。合弁相手はその米国側の旗頭で、その後大きな飛躍を遂げて今や寡占的ともいえる地位を築き上げた強《したた》かなジュイッシュファミリーの会社だ。合弁会社は先方からの二名を合わせて計四名での会社創業で、何もかもがスクラッチからの立ち上げだった。製造拠点の選定に始まり、主要ポジション人材の採用、運営システムの構築、やることは山のようにあった。当初四人で始めた会社が三年後には一〇〇〇名を越える規模にまで成長し、その過程を当事者としてまじかに経験出来たことはその後の大きな財産になったと思う。昨日まで倉庫のフォークリフトを運転していたおじさんが、一夜明ければ億万長者というまさにアメリカンドリームを目の当たりにした時でもあった。

*

ベルリンに来て八ヵ月、欧州はいよいよユーロ導入を迎えて二億人の巨大市場が創出されると賑わっている。クリスマス休暇を返上して急遽ストックホルムに向かい、合弁事業の交渉に来ていた東京からのメンバーと合流する。これがきっかけとなって、翌年四月にはロンドンに異動となり、またもや携帯端末事業に携わることになった。もう会社人生のライフワークといっても良いだろう。ロンドンの街は自分が外国人であることを意識しないでいられる街だ。ドイツでは時に視線や差別を意識する場面もあったが、この街は自分がそのなかに同化してしまうような包容力を持っているように感じる。合弁事業の契約交渉もようやくまとまり、双方合同の取締役会がストックホルムで開催されたのが9・11、貿易センタービルが崩れゆくCNNの映像を妙に実感のないものとして眺めていたのを思い出す。

合弁事業は二度目の経験とはいえ、今度は一〇〇年以上歴史のある通信機器最大手企業がパートナーで、日本はもとより世界中の双方の拠点を切り出し、それらを統合することからして大仕事だ。契約基本合意から五ヵ月後の新会社発足で今から思えばかなり乱暴な統合だったが、とにかく無我夢中で開業にこぎ着けた。スウェーデンは人口九〇〇万人の小国だが、さすがバイキングのお国柄で、世界を相手に活路を見いだすことにかけては一日の長がある。僕らの世代はテレビ番組11ＰＭでおなじみの国だが、今やＩＫＥＡやＨ＆Ｍ、また牛乳パックで懐かしいテトラパックもスウェーデンの会社ということをこの時初めて知った。また、私もお世話になっているインプラントもこの国で開発されたと聞く。国民性は一見日本人と馴染みやすく、合議を重んじるし根回しみたいな技もかなり有効だ。基本的に皆平等という意識が強く、共稼ぎが大前提で家事、育児も共同作業ということで、子育てしやすい国として最近日本でも注目されているのは御承知の通りだ。夏休みのとり方も豪快（?）で四週間連続が当たり前、七月のスウェーデンは開店休業になってしまうのに大きなカルチャーギャップを感じた。いわゆるクオリティ・オブ・ライフの高さに素直に感心し、ある意味日本もこうあるべしみたいな成熟国家のあり方に敬服する一方で、スピード、コストでしのぎを削る業界で生き残りをかけた戦いにこんな価値観で勝ってゆけるのだろうか、と憤慨し、よく議論もした。当時は両社赤字部門の再生をかけた合弁事業の船出ではあったが、お互い退路を断たれた危機意識を共有するなかで新会社としてのカルチャーが醸成できたと思う。最初はそれぞれの利害や経験を背景にした仕事の切り口になるが、所詮運命を共にする仲間としてつきつめればその人そのものの立ち位置や心持が正直に出てくる。その中で如何に信頼関係を構築してゆけるかが一緒に苦労を共に出来る仲間かどうかの大きな差となってあらわれてくる。〝志〟を共有出来るか、国や人種を超えた普遍的な拠りどころのように実感した。

＊

スウェーデンにハーフターンという習慣がある。五十歳を迎え人生の折り返し地点という趣旨でお祝いする風習だ。私もスウェーデン赴任中に仲間からお祝いをしていただいた。日本での還暦祝いに近い習慣だが、それをハーフターンと表現するところがイキである。この考えに従うとまだ折り返し地点を少し過ぎたところだが、とはいうものの、やはりこの歳になると自分を客観的に見つめながら仕事や人生を考えるようになってきたように思う。武蔵を卒業して四〇年、この年月の重みは年輪のように折り重なって自分を形作っているように思う。一方で、その中にある芯の部分は武蔵時代の自分となんら変わっていないのではないかとあらためて気がつく。諸先輩を見ていると生涯現役でそれこそ世界中を飛び回っている方もいれば、悠々自適を絵にかいたような時間の流れに浸っている方もいる。さて、私はこれからの人生をどう生きていこうかな。人生に賞味期限はないのだから。

人生とはわからないものだ

難波宏樹

中学三年の記念祭の後に発病した。今で言えば原発性ネフローゼ症候群。若年の男子に多く、特に珍しい病気ではない。現在ではステロイドを使う治療ガイドラインもある。しかし当時は一般の内科医には診断不能であったようで、半年以上「慢性腎不全」という病名のもと、医師からは「決して治らないから手に職をつけたほうがいい」とか「遠くない将来、透析になる」などと説明があったそうである。そんなわけで中三は入退院を繰り返す日々で、風邪などひくと再燃し、尿が出なくなり入院となる。「どうして良くならないのですか」と中年の主治医に聞くと、「それは君が一番よく知っているだろう」とあたかも患者が悪いような言い方をされ、「こういう医者は良くない」と思ったものである。運良くあるつてで某大学病院の小児科を受診する機会を得て、正確な診断が下り、治療が進んだ。それまでは小さな病院の内科病棟で、老人ばかりの八人部屋、食事も一般食から食塩を抜いたものでほとんど食べられず、げっそり痩せた（親はこのまま死ぬのではないかと思ったそうである）。その大学病院では最初から三ヵ月の入院を宣告され、ステロイド療法で食欲が出すぎ満月様顔貌、肥満になりかけた。しかし、そこは思春期、周囲の幼い子供たちとは違い、食べたい気持ちを抑える自制心はあった。そんなわけで高校の三年間も病院通いで、体育は見学という生活が続いたため、正直高校生活をエンジョイしたとは言い難い。それでもクラスメートに支えられ、留年することなく進級することができ、また縁あって医学部に進学することとなった。

病気になるまでは、バスケットボール部に在籍しており、その情報は大学の先輩学生に伝わっており、入学式からいきなり勧誘にあう。多少の不安はあったが、とりあえずバスケットボール部の練習に参加するようになった。事情を何も知らない先輩たちが次にやることは新入生（未成年！）に酒を飲ますことで、今ではありえないことだが、一年生は皆、吐くまで飲まされた。結果的にはこの荒療治（？）で自分が「根治」したことがわかり、現在、脳神経外科などという十時間超の手術が珍しくないような診療科を選択してしまった。このとき初めて、「人生とはわからないものだ」と思った。また一度は失った健康だから、何でもできることはやってみようとも思った。

人並みの健康な体を得たことから、逆にこれを少しいじめて鍛えようと思うようになり、脳神経外科医になってからは、かなりハードに働いた。医師となって三年目、今で言えば初期研修を終わったころ、まだ脳神経外科医とは名ばかりで普通の医者としても半人前であったが、米国留学の話が舞い込み二つ返事でお受けした。ワシントンDCの郊外にある国立衛生研究所（National Institute of Health）で二年半ほど過ごした。留学先のラボの研究テーマは「脳機能と脳循環代謝」で、放射性同位元素で標識したデオキシグルコースというブドウ糖の類似物質を用い、様々な脳機能の変化をオートラジオグラフィ法と言う手法を用いて解析する。例えばサルの片側眼球を摘出すると、後頭葉の視覚野が縞模様にみえたりする。当時、チーフのソコロフ先生はノーベル賞に最も近いと言われており、ラボには世界中から中堅や若手の研究者が集まっていた。妻と生まれて間もない娘との米国生活は結構楽しいものだったが、民主党（カーター大統領）から共和党（レーガン大統領）に政権が代わり、科学研究などの予算の締めつけが厳しくなった。同じころ医局から帰国命令があり、帰国。その後は大学に留学先と同じレベルのラボを作ったりして、研究・臨床とも順調にメイン・ストリートを歩んでいると思っていたが、気がつけば上司とぶつかり左遷（？）。教室の主な研究テーマは血管障害と外傷学で、手術では誰もが脳動脈瘤のクリッピングをやりたがっていた時代である。グリオーマという難治性脳腫瘍を主に扱う「千葉県がんセンター」という病院は、当時の千葉では不人気病院の筆頭であった。医師になって十年目、一生扱うことはないと思っていたグリオーマという病気と初めて取り組むこととなり、結果的にはこれが私の生涯のテーマとなった。「人生とはわからないものだ」その二である。

それまで血管障害などの救急医療を中心にやっていたので、赴任当初は右も左もわからなかったがん治療であったが、やり始めてみると奥が深く簡単にいえば「はまってしまった」。名称は「がんセンター」でも、がん治療を行う普通の病院であり、基礎研究をやっても評価されるわけでもなく、公的研究費を申請できる立場でもない。県からは研究は「趣味」の領域とみなされており、実際、事務から「研究なんかしなくていいから、県民のための医療に専念してくれ」的なことを言われたこともあった。「いかに県民の税金に支えられた病院であっても、新しい医療の研究を遂行しているということは県民にとっても誇らしいことではないでしょうか」と言おうかと思ったけどやめておいた。臨床の合間をぬって細々と研究を続けること十年あまり、気がつけばたいそうな研究業績が論文として残っており、大学職員でもなく、病院の診療科長でもなかった一医師が、大学教授選考にノミネートされるまでになっていた。

一方、結婚十八年、三人の娘に恵まれていたが、絶対自分より長生きするだろうと思っていた妻が進行がんと診断される。手術や放射線治療を行ったが病勢は衰えず、医師からも「打つ手はない」といわれ、がんセンター勤務であったことを生かし自ら免疫療法を行う（現在では許されないことであるが…）。そういう事情があったので、前述の教授選出馬はお断りしてきたが、一九九八年九月についに家族に見守られ妻が永眠する。幸いであったことは、これまた私ががんセンターの医師であったことから自宅で疼痛緩和をしながら、家族と共に看取ることができたことである。亡くなる前日までお風呂に入れたりしてくれていた娘達のうち、二人が現在医師となっていることも無関係ではあるまい。これは運命であろうか、現在奉職中の浜松医科大学の前任教授は千葉大学の二十年先輩であり、一九九九年三月が退官予定で、教授選考の締め切りは一九九八年十月であった（妻が亡くなった一ヶ月後）。この時点で千葉を離れる気は全くなかったのであるが、各方面からの強い出馬要請があり、固辞するも結局出馬することに。その後の経過はよく知らないが、候補者十二名の中、様々な力学が働いた結果、私が最終的に選ばれてしまった。周囲からは祝福を受けながらも、娘達を千葉に残しての単身赴任に心境は複雑であった。なんて人生だ！「人生とはわからないものだ」その三は究極であった。

その後、早いもので十五年が経った。二〇〇三年には再婚し、さらに二人の娘を授かる（娘のみ五人！、でもこれはさほど驚くほどのものではないだろう）。教授就任当時四十四歳、医局員の平均年齢より若く、経験がものを言う外科臨床ではなかなか難しい立場であった。それまでとは違って思うように仕事ができず、焦り気味の時期もあったが、じっと辛抱。時間が経つにつれ徐々にあるべき姿になってゆくものである。最近では若手の活躍も目覚しく、研究・診療とも順調に伸びている。昔と違うところは、大学では研究は「趣味」ではなく「義務」であり、したがって大きな評価対象となる。また大学院生という若い活力が、衰えつつある私の想像力や創造力を刺激してくれる。また大学では教育も「義務」であり、学生からの評価も実績となる。学生とのコミュニケーションは結構楽しいもので、バスケットボール部と茶道部（多少嗜むので）の顧問をしている。個人的には、二十年前にがんセンターでやり始めた悪性脳腫瘍の遺伝子治療に現在もこだわり続け、こつこつと研究を進めている。退官前に臨床応用まで持って行ければ至上の喜びである。今後、私の人生はこのまま穏便に過ぎてゆくのか、はたまた「人生とはわからないものだ」その四以降があるのか。まだまだ不安もあり期待もある約六十歳であるが、元気盛りの六歳と四歳の子たちと過ごす中、健康に留意し長生きすることも現在の目標である。

執筆のご依頼を受け、何を書こうか迷ったが、一応お引き受けした。東京を離れ武蔵時代の友人とのつきあいも年に一回あるかないか、在学時も基本的に病弱のためあまり皆様に印象深い存在ではないと思う。そんな私の人生をつらつらと書き綴って、なにか皆様のお役にたつものやら。自分で人生を振り返って感慨に耽っているだけのようにも思える。一つ言えることは武蔵中学三年生のときに、一度健康を失いかけてから、何でもポジティブにものを考えるようになった。どんな逆境でも「一度は失った健康だから、今元気でいられるだけで感謝」と思うと、ふっと肩の力が抜けて「まあいいか」と言う気になる。不満ばかり並べているよりは、「今日もそこそこ幸福だね」と思うと気分が良いものである。間もなく六十歳、級友諸君の中には定年退職する人も少なからずいらっしゃると思う。平均寿命が九十歳に達しようとする長寿社会、まだ人生三分の二が終わったに過ぎない。公職から退いた後でも、与えられた人生が尽きるまで、たとえ結果的に実現しないものであっても、夢を追い続けたいものである。とりとめのない雑文にて誠に失礼。皆様のご多幸を祈りつつ、筆をおかせていただく。

卒業後のこととミエン社会の変化——四〇年経って思い出すこと

吉野晃

武蔵は、「お勉強」ではなく学問をせよとの言外のメッセージに満ちた学校であった。私にとって何よりありがたかったのは、大学図書館の存在だった。高校には置いていないような専門書が読めたからだ。中学高校当時は中国思想史とくに古代の道家思想に興味を持っていたので、図書館で中国思想史関係の専門書をよく読んだ。かつての図書館跡には大学八号館が建っており、昔日の面影は全くないが、あのちっぽけな旧大学図書館で本を読んだ思い出は強く残っている。中学生のときから専門書を心おきなく読めたのはあの図書館のおかげであった。

高校の時から反戦運動やら何やらでデモに出かけること多く、お勉強はそっちのけであったため、当然浪人になるが、一浪の時にも学生運動ならぬ浪人運動につきあっていたので、これまた当たり前に二浪に突入し、長年サボっていた高校の教科をお勉強し直し、何とか埼玉大学に引っかかった。ここで文化人類学コースに出会い、最終的に中国思想史から人類学へと研究分野を変えた。加藤侃先生の影響で、民俗学や人類学にも関心を持っていたからである。前の本で玉置泰明君が書いていたが、武蔵の同期で人類学の専門家となっているのは玉置君と私の他、細川弘明君と深沢秀夫君がおり、たかだか一八〇人程度の卒業生の中に占める人類学者の割合が異常に高い。埼玉大学に入って更に驚いたのは、文化人類学コースの先輩にも石井真夫さん（42期）、齋藤尚文さん（44期）、原毅彦さん（46期）と、武蔵の先輩方がいたことである。この先輩方も各大学の教員になっている。

中国思想史から文化人類学に切り替えた理由は、学問のおもしろさと酒を飲んだときの楽しさであった。文化人類学コースの指導教授とはよく飲んだ。ひとたび飲み始めると学生の下宿に泊まりながら二日三日と飲み続けたことがしばしばあった。話題は専ら人類学論議に終始していた。良き時代であった。文化人類学コースに属しながら『荘子』テキストの象徴分析で卒業論文を書いたが、先行研究につまらなさを感じ、中国思想史には見切りを付けた。大学院にことごとく落ちた末、その卒論は引っ込め、二度目には中国のミエン（後述）に関する真っ当な文化人類学の論文を書いて卒業した。その後、東京都立大学大学院で学んだが、一年上に玉置君が東大から入っていた（一年前の入試で私は落ちたが、彼は受かっていた）。玉置君とは中学・高校・大学院で一緒だったことになる。

博士課程に進み、現地調査へ出かけたのは一九八七年であった。タイ北部の山地に住むミエンという少数民族の村に住み込み、調査を始めた。ミエンは日本では「ヤオ族」として知られている（あまり知る人はいないが）。山地で焼畑耕作を行いながら中国南部からベトナムやラオスを経てタイへ到った人々である。このミエンの村に通算二年四ヵ月住み込み、インタビューと参与観察による調査を一九八九年末まで行った。折しも日本においてはバブル景気の真っ最中で、新聞などを垣間見るとどうやら日本はえらく景気が良いみたいだと感じていたが、実際にバブルの殷賑ぶりには接していない。これは一寸残念であった。

一九九〇年に帰国し、四月に東京学藝大学に就職した。それとほぼ同時にバブルがはじけ、長い不景気に突入する。学藝大学はご存じの通り教員養成の大学であったが、教員養成以外の専攻ができ、そこに採用された。その専攻を卒業する学生のために教員以外の就職先を開拓しなければならないので、企業などに学生の採用をお願いして回った。その時にも不景気の様はありありと感じられた。

一方、タイでは日本の不景気を尻目に経済発展が続き、好景気であった。調査に出る度に日タイの景気の差を思い知らされたものである。タイにおける好景気の恩恵は、しかし、農村にはなかなか及ばなかった。一九九〇年代には焼畑耕作ができなくなり、私の調査村からは海外出稼ぎが続出した。景気が良くなり一般的な物価が上がる一方で、農作物の価格はさほど上がらず、且つ焼畑耕作もできなくなって、農業に行き詰まり感が出てきていたのである。調査村からの海外出稼ぎ先はシンガポール、台湾、香港、ブルネイ、韓国、日本などであった。調査してみると、他の村からも出稼ぎに出ているし、他の山地民族の村からも出稼ぎしている。その為、「タイ人」として出稼ぎに出ている人々の中には、ミエンのような少数民族の者も少なからず混じっている。タイから日本への出稼ぎは、風俗関係の仕事がしばしば取り上げられるが、実際に話を聞いてみると、缶詰工場、農作業補助、道路工事など多様な仕事をしていた。出稼ぎは、一九九七年のタイ発のアジア経済危機で小休止した。

二〇〇〇年代に入って、バイオエタノールの燃料利用の拡大により玉蜀黍の需要が増え価格が高騰した。それに応じて村の人たちは玉蜀黍栽培に精を出すようになり、出稼ぎに出る者が激減した。私の主な調査村は二つあるが、もう一つの調査村の方では事情が異なっていた。かつて果樹栽培が軌道に乗っていたため逆に玉蜀黍栽培の波に乗り損ね、国内出稼ぎが増えた。青年壮年層が村を出たため、子供と老人が村に残る形になり、二〇〇〇年代に一気に過疎村のような様相を呈し、一時期は限界集落一歩手前に見えた。日本では五〇年以上の時間をかけて進行した限界集落にいたる農村の疲弊と人口流出が、タイでは十年くらいの間に急速に進行しているのである。これは、アジアの他の社会でも同様に起こっている現象である。

経済的変動に加え、タイ国民化と近代化、さらにはグローバル化の波が少数民族を直撃しており、自らの文化が消滅するのではないかとの危惧が当のミエン自身にも生じている。そのため、それに抵抗して自文化を守ろうとする文化復興運動が起きている。ミエンの儀礼経文は漢字で書かれているので、漢字を教える試みがあり、一方で民族のアイデンティティを内外に示すミエンの文化スポーツ祭典、ミエン音楽祭なども行われている。そうした中で、興味深いことが起きた。従来、ミエンの儀礼は男性祭司が執行し、女性は儀礼に参与しなかったのであるが、女性が降神しシャーマンとして儀礼を執行する現象が、一部の村ではあるが、生じたのである。恰も日本の幕末以降の近代化の過程で女性シャーマンを基軸とした天理教や大本教などの新宗教が叢生したのと似ている。いずれも社会の大きな変化への反応として生じてきた宗教現象である。現在は、ミエンのそうした新宗教現象と文化復興運動を追っている。

振り返ってみると、一九九〇年代から二〇〇〇年代の二十数年間に、ミエン社会およびそれを取り巻くタイ社会は日本社会よりも速く大幅に変化してきた。その速度は凄まじいものがある。かつてミエンの人々は焼畑耕作を行いながら中国からベトナム・ラオスを経て移動してきた。移住生活が常であったのである。それが定住化し、タイ国民として統合されてゆく。その過程で様々な軋轢や摩擦があった。また、かつてはアヘン芥子を栽培しアヘンが現金収入源だった。タイでアヘンが非合法化されたのは一九五八年、実際の取り締まりがタイ北部の山地で行われるのは一九七〇年代以降である。私の調査村の一つでは、一九八〇年代はアヘンに替わる換金作物を求め試行して格闘していた時期であった。その後、森林伐採禁止政策により、焼畑耕作そのものができなくなった。私が調査を開始した一九八〇年代後半は、焼畑耕作が常態として行われていた最後の時期であった(今でも一部地域では行っているが)。その点で、タイにおけるミエンの焼畑耕作の実態を調査できたのは幸いであった。このように生業の面でも大きな変化を経ている。焼畑が常畑に代わり、先に述べたように作物も替わった。一九九〇年代には山地においても道路や電気などのインフラストラクチャーが急速に整備された。一つの調査村では、一九八七年に調査に入ったときには未舗装で雨季には行くことも難しかった(道がぬかるんで車が進まない)道路が舗装され、電気がなかったところへ電線が設置された。今では、電気のなかったときの夜の暗さが、ある意味では懐かしい。社会の大きな変化の中で、少数民族はより増幅した形で変化の影響を被ってきたのであった。そうした変化を経ながら、ミエンの友人たちの心根があまり変わらず、長くつきあいを続けてもらっているのはありがたいことである。

高校卒業後の四〇年の半分以上の年月をミエンの人々とのつきあいで過ごしてきた。焼畑耕作、エスニシティ、出稼ぎ、核家族化、文化復興運動、女性シャーマンと、私の研究テーマはミエン社会の急速な変化を追いかけてきた。それ以外に、日本社会の変化、大学における様々な経験など思い出すことは多々あるが、タイにおけるミエンとの月日の方が印象に強く残っている。ミエンは長駆の移住生活を経てきながら複雑な道教的儀礼体系を保持し、奏楽・歌唱においても精緻な形式を伝えてきた。ミエンのそのような側面に魅了されているのである。思えば、中学高校時代の道家思想に対する興味が、ミエンの道教的儀礼体系への関心につながっているのかもしれない。今後も、このような急速な変化の中で、ミエンの人々の文化がどのような変容を遂げるのか見届けてゆきたく思う。今後も少なくとも十年は現地調査を行うつもりである。

卒業四〇年、更なるチャレンジへ

山田勝朗

武蔵中学・武蔵高等学校を卒業して、早四〇年が過ぎようとしている。今一度その経過を振り返り、今後の活力を得たい。

武蔵高等学校卒業後、一年の予備校生活を経て京都大学の土木工学科に進学した。東京を離れたかったこと、父親が同校同学部を卒業していたこと、ものづくりである建設に興味があったという単純な理由で進学した訳であるが、当時は大学紛争の名残があり、受験の為にタクシーに乗車して「京都大学迄」といった際のタクシーの運転手が怪訝な反応をしたことが、今でも鮮明に残っている。確かに学内にそのような団体が存在していたが、入学後私自身は予備校時代に経験した硬式庭球に魅せられ庭球部に所属し、無事卒業することになる。体育会系庭球部を卒業すると、就職してからも各種イベント（対抗戦・リーグ戦・コンパ等）の案内があり、仕事の繁忙期・子育て期は対応できなかったものの、最近はしばしば顔を出している。特に十五名の同期の庭球部仲間とは、卒業以来絶えることなく飲み会・合宿と交友が継続している。その他、世代を超えて、諸先輩方・後輩ともイベントがある度、テニス・飲み会と交流しており、その彩は自分が参加できる限り、続けることができると感じている。

飛島建設に就職後は、在籍中の二十年間で工事現場経験・土木設計・秘書・不動産開発と多岐にわたる経験をさせてもらった。飛島は老舗の建設会社であったが、ご存知の通りこの時代は最初のバブル期にあたり、飛島は若社長のもと脱建設請負会社を目指し、不動産開発事業等を核とした営業活動により活気に満ちていた。私が飛島若社長の秘書を勤めていたころは、巨大不動産プロジェクト（総事業費：六〇〇億円）の完成により、幸いなことにその最盛期にあたっていた。その後自ら希望して不動産開発事業部に転籍して開発事業を経験するが、次第にバブル崩壊の兆しが見え始めた。飛島は大型不動産事業等の綻びをきっかけに、本業回帰を題目に、メインバンクからの金融支援を受けて大幅債務圧縮の実行、営業体制の見直し、早期退職制度の導入といった戦略が実行された。その中にあって私自身も不良不動産の整理等を行っていたが、縁あって朝日監査法人の不動産関連アドバイザーチームの一員になることになる。

監査法人に転職して、奇しくも武蔵の同級生であるO君と同じ職場で働くことになり、バブルの後始末である不良債権処理ビジネスに関与することになる。当時、日本の金融機関は巨大な不動産担保付不良債権を抱えており、その処理の為に外資系ファンドに債権譲渡する動きが主流になっており、私自身も債権譲渡アドバイザーとして多くのバルクセールに参加してきた。この時代は早期に巨額の不良債権処理を行うことが国策（債権買取専門会社である「サービサー」も制度化された）であり、金融機関も貸し手責任を問われ巨額の債権譲渡損を余儀なくされた。一方、債権購入者は、担保不動産等の任意売却・競売処理をベースに回収を計り、巨額の不良債権処理が進められていた。債権購入者の主流であった外資系ファンドは、のちに「ハゲタカファンド」と呼ばれることになり、邦銀の巨額損失が、外資系投資家の利益に転化しているといった批評もあったが、この市場に日本の投資家が参画していなかったのも事実である。いずれにせよ、これらの処理は時代の要請でもあり、その結果、金融業界の正常化（不良債権の圧縮、融資基準の適正化、企業与信の考え方の改善、担保主義の脱却等）に少なからず寄与していたのではないかと認識している。

その後、破綻先債権の処理が進み、再生事業として要注意先等分類などの債権に対するビジネスが盛んになり始める。監査法人を出て、消費者金融系ノンバンクに転職したのがその頃であり、私自身は単に不動産価値処分による担保に頼らず、事業価値に着目した融資に関与したかった思いがある。ノンバンクでは多くの部下を従えて融資枠を広げていったが、消費金融業界に対する過払請求権の煽りを受けて、入社した消費者金融は不動産融資事業の撤退を目指すこととなり、サービサーに転職することとなる。サービサーにおいては、これまでの経験を生かして、債権購入及びその管理・回収を行うとともに再生ビジネスを行なうことになる。

このように、飛島建設時代の後半から不動産に軸足を置きながら、立場は違うが不良債権関連のビジネスに関わってきたわけであるが、この九月に現在のメガソーラー（大型太陽光発電）の会社に転職した。サービサーにて現役を終えるつもりでおり、それなりの成果も挙げてきた自負もあったが、五十九歳にして四回目の転職を決意したわけである。日本において原子力発電に対する戦略がいまだ明確にならない中、環境問題対策等、再生エネルギーに対する期待は高まり、平成二三年には電力買取制度の充実、税務メリットが付与され、多くの会社の大型太陽光発電プロジェクトがしばしば、新聞紙上に登場している。現在の会社においては、七〇～一二〇億円／件事業規模のメガソーラー発電事業を複数建設・計画中であり、私も千葉・長野・静岡・三重・大分・熊本と、日本中を飛び回っている。

飛島建設に就職した際には、四回も転職するとは夢にも思っていなかったが、転職の結果、建設請負の世界のみならず不良債権ビジネスを通じての多くの成功体験・失敗体験を経験し、多岐にわたる異業種の経験豊かな緒先輩方、精力的な夢大きい若手の経営者等との人的交流もできた。特段の優れた才能もない私ではあるが、三十五年にわたり、その場その場で与えられた役割を精一杯全うしてきたつもりであり、私にとってその様々な経験は、かけがえのないものである。それらの経験から、大型プロジェクトを完遂するためには、時代背景及びビジネスの本質を見極めながら、周到な計画・高い専門性・強力な実行力・強かな交渉力・堅固なチームワークを保有しなければならないと実感している。現在の五つ目の若い会社には、幸いにしてそれらの要素が備わっていると感じており、私自身の今まで培ってきた知識・経験・人脈を生かし、ひとつでも多くのクリーンな環境にやさしい発電事業を完成させたいと考えている。

今後の決意表明のような雰囲気になってしまったが、腰痛をなだめすかしながらテニスを楽しみ、何歳まで、娘・息子に胸を張って仕事の話をし続けることができるか、現役でいられるかチャレンジしたいと考えている。

「何となく過ぎてきた」我が人生

桑水流正邦

私は、横浜国立大学工学部電気工学科を卒業後、一九七七年（昭和五二年）四月に当時の国際電信電話株式会社（ＫＤＤ）に入社した。今は「ａｕのＫＤＤＩ」としてそれなりの知名度があるが、当時は知る人も少なく、オーディオ製品で有名なＴＤＫとよく間違われた。

武蔵時代も大学時代もバスケットボール中心の生活で、就職もそれほど悩むことなく、結果として第一希望の会社に入社できた。

横国大工学部の前身は横浜工専で、卒業生の多くは技術立国日本を代表する重電・家電メーカに進む者が多く、自分も三年生の頃は漫然とその様に考えていた。本格的に就職のことを考え始めた大学四年の夏頃は、親父がＮＨＫに勤めていたことや研究室の教授がＮＨＫ出身であったことから、ＮＨＫの技術研究所がいいかなと考えていた。しかし、親父の「ＮＨＫは技術屋には面白くないぞ」という言葉で、そんなものかなと思い、どこがいいかなと考えていた時に、偶然テレビで『海底ケーブル建設』のドキュメンタリー番組をみて、面白そうな仕事だと思ったのが、ＫＤＤを受験するきっかけだった。

入社してから判ったのだが、その番組は日本（熊本県天草）と中国（上海）を繋ぐ海底ケーブルに関するもので、日中国交を果たした田中角栄内閣の主導で推進されたと聞いている。日中国交正常化の一プロジェクトだったわけだ。建設当時は当の角栄氏はロッキード事件で退陣した後だったが。天草が選定されたのは、もちろん地理的な理由もあるが、熊本県選出国会議員の影響もあったとか。

我々が小学生の時代は、黒電話を申し込んでも一〜二年かかる様な「積滞」の時代で、国際通信も短波無線を利用した極めて不便なものだった。(第一回)東京オリンピックが開催された一九六四年に、日本と米国本土を繋ぐ海底同軸(電話)ケーブルが建設され、飛躍的に改善された(もちろん今のインターネットとは比べものにならないが)。その後一九八五年頃までに日本と海外をつなぐ海底同軸ケーブル網が整備されていった。

参考までに、それ以前はモールス信号を伝える電信ケーブルで、日本の通信もデンマークのグレートノーザン社や英国のケーブル・アンド・ワイヤレス社のネットワークを利用していた。

一九七七年当時もまだ国際通信は庶民には馴染みの薄いもので(私も国際通信を利用したことがなかった)、高額(確か三分三六〇〇円)でかつ言葉の壁もあり、利用する際には電話局へ出向く人も多かった(もちろん黒電話でオペレーターを呼び出して利用できたが、かけ方を知らない人も多かったのだろう)。

丁度その頃、光ファイバと半導体レーザーを利用した光海底ケーブルの開発が始められ、私もそれに関わることとなり、自分が強く望んだわけではないが、結果として、これまでの会社生活三七年間を海底ケーブルに携わることになった。時代や環境に流されていたという意識は無いが、自分で積極的に切り開いたとの意識も無く、まさしく「結果として」そうなっていた。

通信の世界では、無線(ワイヤレス)と有線(ケーブル)が競い合って進歩してきたが、常に無線が先行し、有線が後塵を拝してきていた。ところが、一九九〇年以降の光技術の飛躍的な進歩により有線が主役の座に躍り出た。その後、携帯電話の発展で無線技術が巻き返し、今は基幹網(コア)は光、移動体(モバイル)は無線とお互いの長所を生かして通信サービスを提供している。

この様な通信技術発展の中に身を置けたことに感謝している。もちろん渦中にいた時はきついことも多々あり、やめたいと思ったこともあったが、結果として定年まで勤め上げることとなった。これからも技術の進歩は続くだろうが、大量の情報に振り回されることなく、それを上手にコントロールする知恵がこれからの時代は重要になると思っている。

今年は、自分の子供が中学一年と小学四年になる。自分が子供の頃には、遅くまでテレビみて(11PMはよく見ていた)、練習の後にはコーラをがぶ飲みしていたのに、今は子供に「早寝早起きしろ」とか「炭酸は骨が弱くなるからダメ」とか言っている自分に自嘲気味である。当たり前のように塾や習い事に行かせ、ことあるごとに、「自分で調べろ、自分で考えろ」と言っているが、自分が出来ていたかどうかは疑わしい。二回目の「甲午《きのえうま》」（城谷先生？に習った十干十二支はまだ良く覚えてる）を迎え、まだ「生きる」とはなんなのかの答えを持っていない。

中学の頃だろうか、漫画かなんかで読んだのが印象に残っている。

親「遊んでばかりいないで勉強しろ！」
子「なんで勉強するの？」
親「いい学校出て、えらくなって、お金稼いで、楽な生活する為だよ」
子「なら僕は勉強しなくていいね。もう楽な生活してるから……」

「皆が一番を目指したら社会は成り立たない、ビリがいるから一番がいる」という様な人生観を持って生きてきた。多分これからも同様であろうが、少しは目的意識を持って生きていこうと思っている。

私とバスケットボールとの関わりについて少し書く。

武蔵に入学が決まった後、小学校（難波君・今井君と同じ新宿区立落合第一）の先生（担任ではないが運動クラブの顧問で親しくしていた）から、「武蔵にはバスケのいい指導者（畑龍雄先生。以下畑公）がいるからやってみろ」とアドバイスを受けたのがきっかけだ。当時は（も）バスケより野球・サッカーの方が人気があったが、背が高かったことと、この先生のアドバイスがあったので、難波君を誘って入部した。八代君、森本君、野村君等もいて、中学の時は十人近くいたと思う。ご存知のように当時の体育館はおんぼろで、こんな体育館で練習していて強くなれるのかなと感じたものだ。中一、二年生は畑公から直接指導を受けることはなく若手OBがコーチをしてくれた。当時は脚力を鍛えるのに「うさぎ飛び」があたりまえで、最初の頃は和式トイレにいくのに苦労した。キャプテンをやらせてもらったが、試合のことはあまり記憶がない。練馬区で三回程勝ち進む程度だったと思う。

中三になって今の体育館が出来、縦に二面あることとゴールの数に驚いた。高校生と一緒にやるようになり、畑公の指導も受け始め、練習は週三回であったが、学校生活の大部分をバスケが占めるようになった。高校生になって授業をさぼることはあったが、練習は休まなかった。畑公の指導はユニークだったようだが、一つ一つの動きを詳細に分析してそれを丁寧に（あきらめずにしつこく）教える姿勢から学ぶことは多かった。当時は東京で優勝を争えるチームで、先輩のおかげで和歌山で開催されたインターハイに連れて行ってもらえた。体育館建替え中は近くの豊玉二中のコートを借りての練習だったが、その様な環境でも強くなれることを体験出来た。おんぼろの旧体育館でも日本一になっており、環境ではないとつくづく思っている。

自分達が最上級生になった時は、八代君と本多君と三人だけになってしまったが、下級生との連携は良く、まとまりのあるチームだったと思う。自転車通学していたので、よく一人で残ってシュート練習した。残念なのは、インターハイ予選を前にしてエースである八代君が、体育の授業のサッカーでケガをしたこと。仲間が集まると今でも語り草である。

大学でも、同じクラスにバスケ経験者がいたことから体育会のバスケ部に入部した。関東大学リーグの三部で、それほど練習が厳しくなく、工学部だったが三年の秋まで続けることが出来た（バスケをやっていなくても学業に専念したとは思えず、多分マージャンに明け暮れていたと思う）。大学の先輩の紹介で横浜の女子高のコーチを二年間経験した。初めてのバスケ指導で、畑公から教わった練習メニューを真似したが、強いチームには出来なかった。

社会人になり平塚に住むことになったが、東京・横浜に近いことから、武蔵や大学のＯＢの試合にはよく顔を出した。六年先輩の畑公の長男（正木さん）に親しくしてもらい、バスケ以外にもテニスをしたり旅行したりした。畑公ともテニスをしたが、打ちやすいところに返すのに苦労した。

三十三歳の時に英国サザンプトン大学に留学する機会があったが、そこでもバスケチームに入れてもらった。試合の後は必ずパブに行き皆でワイワイ騒いでいた（ここでの英語はほとんど理解できなかったが雰囲気は楽しめた）。

その後、仕事が忙しくなったり、親の介護があったり、二〇〇〇年に畑公が亡くなったりして、自然にバスケや武蔵と疎遠になったが、それでも年に一度のＯＢ会には顔を出すようにしていた。当時は正木さんが一人できりもりしていたが、ある集まりで大先輩から「（会報発行等の）約束を守れない組織は存続の価値は無い」というきついお言葉を受け、正木さんをサポートするように心掛けた。メールを使って現役の情報を配信し始めたことで、大先輩の方々に名前を憶えてもらい、いろいろ教わることになった。同窓会の委員の方も多く、そのつながりで同窓会活動にも関わるようになった。

十年ほど前から、四八期・四九期の後輩と飲んだりゴルフしたりしている。現役当時の関係でお互いに「三年生・二年生・一年生」と呼び合っている。畑公の命日（六月二六日）の頃には長野県佐久市へ墓参り（墓掃除）し、ついにはそれ用のユニフォームだと言って、畑公の顔写真をプリントしたシャツまで作ってしまった。

バスケを始めたきっかけは小学校の先生のアドバイスだったが、バスケのおかげでよい人達に恵まれた。もちろんやめたいと思った時もあったが、二～三日経てばまたコートに出ることでその思いを乗り越えてきた。「継続は力なり」と強く感じている。「へばったらがんばれ」（畑公の言葉）である。


二〇一四年も武蔵に行って恒例の元旦バスケを覗いてきました。さすがにもうバスケをやる気力はありませんが（七〇歳近い先輩は元気に動いてますが）、六〇年の節目を考え直して来ました。自分に都合の良いことは覚えているが、新しいことはどんどん忘れてしまうので、思い浮かぶことをつらつらと書かせてもらいました。乱筆乱文ご容赦下さい。

武蔵生としての誇りとともに振り返る四〇年

篠田　勝

1　エピローグ

武蔵を卒業して早四〇年余りが経過し、過去の自分を振り返りながらこれからの自分がどうあるべきか考える良い機会と思い、筆をとった。武蔵の六年間は勉学はそこそこに囲碁将棋、サッカー、音楽（ロック）バンドなどであっという間だった。

武蔵在学中の六年間は自由な校風、個性ある教師陣と友人たちに接することで、いつのまにか自ら考え自ら学ぶ姿勢が培われた時代だった。

2　仕事（AED）

慶応大学理工学部卒業後、日本光電という医療機器専業メーカに入社した。若い頃は製品のソフトウェア開発を担当し、今のAED(1)の源流となる除細動器(2)などの開発に携わった。一九八〇年当時のCPU(3)は8ビットでクロック（コンピューターを動かすスピードとタイミングを決める動力源）も低く、これらをソフトでいかに高速に動かすかがポイントだった。OS(4)も独学でオリジナルOSを作って組み込んだ。当時の製品はまだほとんどがデジタルロジックで制御されており、ソフトウェアという概念自体がなかった。こうして日本光電の初号機、おそらく国産としても初のマイコン除細動器が完成した。

四十代になってAEDと呼ばれる小型除細動器の技術部長となり、新製品の輸入や開発、日本国内への普及に携わった。AEDは心臓発作での突然死に対処できる唯一の治療器で、欧米ではすでに駅や公共施設などには必ず設置されていたが、日本では一般に知られていなかった。医師法上、医者以外の一般人が医療行為を行うことを禁じていたためまず法改正が必要だった。強い世論から、除細動やCPR(5)、気管内挿管など限定医療行為が可能な救急救命士制度が発足し、続いて医師法が改定され、心筋梗塞などで倒れた人に遭遇した際、市民でも所定の手順に基づきＣＰＲやＡＥＤを用いた医療行為が実施できる法令（グッドサマリタン法）が制定された。

ＰＡＤ[6]解禁により、二〇〇五年頃から急速にＡＥＤが国内の公共施設などに普及しだす。これを期に医療器各社の開発競争が激化する訳であるが、国内では除細動器製造の技術を持った当社がリードしていた。しかし開発競争で変化が起こる。二相性波形[7]を出力するＡＥＤの登場である。当社のＡＥＤは単相性であったが、医師の国内外研究論文では二相性の方が、単相性より小さいエネルギーで心筋を傷めず有効に患者さんを治療できるとのデータが出回りだした。ＰＡＤ解禁により国内市場が拡大していく中で、ＡＥＤは二相性でないと受け入れられなくなっていった。二相性の承認を得るため、虎の門新霞が関ビルにあるＰＭＤＡ[8]という厚生省機関に通い詰めた。治療器という性格上、日本国内で新医療の製造販売の認可を取得するための審査は厳格を極めた。治験[9]を実施し、安全性有効性が副作用などのデメリットを上回ることを立証する必要があった。市販後調査のため欧米のユーザ先を訪問し、治療実績を調査したり、著名なドクターの見解を聞くため奔走した。承認に向かう作業は、提出した申請書の内容についてＰＭＤＡから照会が入り、それに我々が回答するプロセスの繰り返しだった。薬も含めて新医療の申請はほかにも多数あり順繰りに処理されるため、一回の質疑応答で二ヵ月以上が過ぎ去った。努力の甲斐があり、二相性の薬事認可がおりた時、申請より既に三年近くが経過していた。自社製品が市場に生き残れるぎりぎりのタイミングだった。東京マラソン２００９にて、タレントの松村邦洋が心肺停止になった時、彼の蘇生に寄与したのも日本光電のＡＥＤと社員である。

今では日本国内に約五〇万台のＡＥＤが駅や学校、ホテル、スタジアムなどに設置され、万一の事態に備えている。この仕事を通じて、武蔵の理念である東西文化の融合、世界に雄飛するにたえる人物、などを少しだけ実感できたように思う。

3　次の仕事（ERP[10]）

一九八〇年代から医療機器の市場は上向きで、会社の売上規模も二〇〇八年には一〇〇〇億円を超えた。

一方で製品開発から量産するまでの社内の仕組みは無駄が多く、効率化が望まれた。「ＥＣＭ[11]とＳＣＭ[12]をＥＲＰテクノロジーで融合する」システム構築が私の次の仕事となった。これをトリガーとし全社ＢＰＲ[13]を行い、システムだけでなく仕事の仕方も同時に変えてしまう。技術部門と生産部門が縦割り組織のため連携が薄い問題点を、新しい仕組みで設計の上流から自然と相互連携が密にできるようになる。筋書きは概ね以下。

社内の問題点抽出、あるべき姿の明確化⇩改革の狙い＝KPI[14]を定め、対投資効果を算定、上層部の合意を得る⇩推進体制確立、機能要件とシステム要件の洗い出し⇩スケジューリング、予算確保⇩システム構築、検査⇩現場定着化、改革必要性の共有⇩社内規定の刷新⇩移行に向けたリスク管理、障害復旧対策、ヘルプデスク設立⇩実戦的なリハーサル、業務手順新設⇩システム切り替え、データ移行、CSV[15]⇩現場の改善効果を定量化し、当初KPIを再評価。

二〇一三年夏の新システムへの移行は大きな障害もなく予想よりずっと順調に完了した。成功の要因は徹底したリスク管理と、なにより各「現場担当者」が改革の意義を理解しやる気になったこと、これにつきる。それと部下の人材に恵まれていたことも幸いだった。プロジェクトは組織横断型で一〇〇名規模だったため、リーダーとして私が注意したのは全員のモチベーションを常に高めベクトルを合わせることだった。

課題については妥協せず徹底的に話し合い、結論を出した。新システムと現場担当者のチャレンジ精神の相乗効果で、改革は思った以上の効果をもたらしつつある。

4　パラダイムシフト

六十歳の定年を前に四〇年間の仕事を振り返ると、会社に貢献できた達成感はある。

ただ企業の将来で考えなければならないのは、周囲の環境変化である。

医療機器業界は今まではニッチ市場であり、国内薬事法などが新規参入を拒んできた。しかしパラダイム・シフトは知らぬ間に起こるもの、気づいたときには手遅れとなる。あのゲーム業界の巨人、任天堂やSONYでさえスマホ、携帯端末の急速な普及とネット配信により、ビジネスが頭打ちとなった。二〇一三年一一月に改正薬事法が国会を通過した。従来は医療機器に対して認可が下りるのだが、今後はソフトウェア単体での認可が可能となる。生体情報をピックアップするセンサとソフトさえあれば、パソコンやタブレットと結合し製品ができてしまう。医療機器という存在が根底から変わる可能性がある。

5　趣味

五十歳過ぎになって会社の先輩に誘われゴルフを始めた訳だが、これがまたおもしろく、興味の中心はテニスからゴルフに移っていく。まず一番大きかったのが、武蔵の旧友達とプレーするようになったことだ。そもそもゴルフというのは我を忘れて子供に返ってしまうスポーツ、なので旧友達とのプレーはなおさら楽しいのである。そして上達のためゴルフスクールに通い始めたのだが、そこのスクール生達との交流も魅力的である。会社と全く繋がりのない、仕事や年齢の異なる男女がゴルフという一つの趣味を通じて交流できる。「目白YS会」という会を発足し、会則を規定しエンブレムを作り、毎月プレーやコンペを楽しむ。末長く続けることを考えるとこうした地元のお付き合いがなにより大切だと思う。大人の小さな社交場ともいえる。ゴルフとともに音楽も私の大切な趣味である。高中正義、松岡直也、チックコリアなどがメインレパートリーのハイテンポなラテン系フュージョン親父バンドを三〇年以上続けている。ゴルフと音楽、そしてその仲間は人生の宝であり、末永く大切にしたいと思っている。

6　これからどう生きようか

いよいよ六十歳、定年を迎える年代となった。社会情勢はどうか。今の日本の借金は一〇〇〇兆円と言われている。国家支出九〇兆円に対して税収などの実収入は四〇兆しかない。あとは赤字国債である。社会保障給付一一〇兆に対し、国民負担分は六〇兆円、この差額が日本の赤字として累積している。医療費一割負担、生活保護給付など日本の社会保障は優れている訳だが、高齢化社会を迎え課題が山積する。アベノミクスでは消費税増税に加え三本の矢、金融緩和、財政出動、成長戦略を唱えた。

相続税増税、孫への贈与税特例、七十歳から七四歳の医療負担増、高所得者の保険料・介護自己負担値上げ、特別養護老人ホームの軽度者の入所制限、長期療養型医療施設廃止とサービス付高齢者向け住宅制度推進など、諸々の政策で税収増、支出減を模索している。高齢化が進む中、手厚い社会保障に限界が見え始め、医療負担増、保険点数引下げ、介護ビジネスの民間移行などが始まっている。

老後においてもお金が必要となり、長生きしてがんばってきた老人が希望の持てない社会になりつつある。今後日本で生きていくためには、こういった社会情勢、政治経済状況を把握しながら自分の生活、資産や生き方をうまくコントロールする必要がある。

では自分はこれからどう生きるのか？　渡辺淳一の『孤舟』を読んだ。男女の違いから妻と平穏な日々を送るのも思いの外大変のようだ。

幸福とは「安心」であり、リスクに対する「覚悟」であるという説もある。構造的な問題は多々あれど、ともあれ日本ほど安全な国はないし、技術力も高い、食のレベルも高く、自然も豊かで人々も温和である。対米従属はあれど戦争も無い。欲しいものはなんだって手に入る国だ（たぶん）。なるべく多くの気の置けない仲間たちを大切にし、健康に気を付けてゴルフや音楽などの趣味を末永く続けられるようにしたい。どのような局面であろうと人生という舞台の上でいつまでも輝いていたいと思う。禍福はあざなえる縄のごとし、神様は人に皆平等に幸福と試練を与える。そして人は必ず終焉を迎えるものである。それはある日突然やってくるのかもしれない。伊集院静の自叙伝の中で有名な居眠り先生、阿佐田哲也の言葉を最後に筆を置きたい。

「人は病気や事故で亡くなるのではない、寿命で亡くなるのだ」

（1）Automated External Defibrillator、自動体外式除細動器
（2）電気ショックで心室細動を治す機器
（3）Central Processor Unit、コントロールの司令塔
（4）Operating System、ソフトのタスクを管理するコア
（5）CardioPulmonary Resuscitation、心肺蘇生法
（6）Public Access Defibrillation、一般人による救命処置
（7）バイフェージックとも呼ばれ、sin 波状の双方向性エネルギーを出力する
（8）医薬品医療機器総合機構
（9）薬事承認のため病院等と共同で行う臨床試験
（10）Enterprise Resource Planning、経営効率化を図るための手法または IT システム
（11）Engineering Chain Managiment、技術系 R&D 改革
（12）Supply Chain Managiment、生産・ロジスティクス改革
（13）Business Process Restructuring、業務改革
（14）Key Performance Indicator(Index)、改革指標
（15）Computer System Validation、ソフトの妥当性確認

SONGS CATCHERし続けてきた四〇年

熊谷　陽

前回の『僕らが育った時代　1967－1973』は大変興味深く読ませて頂き、また武蔵73会の集まりにも何度か出席して単なる同窓の集まりでない真摯な議論に勉強させてもらいました。編集委員より続編に書くこの機会を頂いて、自分なりに四〇年やってきたことをまとめ、今後の自分の仕事の方針を出すよすがにしたいと考えています。

武蔵を出て、一年浪人したあと、早稲田の理工科に入りましたが理系の頭ではないと感じて東大の文学部に入りなおしました。ただ明確に何を勉強したい、将来何になりたいというのは大学時代を通じてはっきりせずにいました。武蔵の頃は美術部だったし、友人の中村明一君や有住一郎君とは音楽や美術の話ばかりしていて、結局大学を出て就職する時、当時よく聴いていたBeatlesとかPink Floydのレコードを出していた東芝EMIというレコード会社に入りました。

一九八〇年に入って入社早々は東大卒ということもあったのか社長室という部署に配属されました。実際音楽をつくる仕事がしたくて石坂さんという方にアタックして制作のA&Rの仕事にしてもらいました。A&Rとは発売する音楽を完成形にして宣伝、営業に渡す仕事をする会社サイドのプロデューサーといった役割の仕事です。石坂さんはビートルズを日本に紹介するA&Rをやって来た人でユニバーサル・ミュージックやワーナー・ミュージックといった会社のトップを歴任して、レコード協会の会長にもなる音楽業界の実力者の一人です。

A&Rの仕事に就いたのはいいのですが、当たり前ですがなかなか一人前の仕事は出来なくて、はじめてヒットと言えるものが出る一九八八年までは苦労の多い時期でした。はじめてヒットしたのはRCサクセションというロックバンドの

〝COVERS〟というアルバムです。ＲＣサクセションのリーダーは忌野清志郎さんという方で、なかなか人間的に大きな方で、いろいろミスが多い新米の担当の僕を大きな目で見ていてくれて、音楽的というより人間的に多くを学ばせてもらいました。

この〝COVERS〟というアルバムがヒットしたのは面白い経緯でした。反原発の唄が含まれているのが東芝ＥＭＩの親会社である東芝の怒りを買い、結局東芝ＥＭＩからは発売中止になって別のレコード会社から発売になり、その発売中止の経緯の話題性がニュースになってヒットしたという流れでした。だから結局ヒットしたけれど会社には貢献していないというよりも損害を与えている状況で、これは会社をやめるべきなのかとかいろいろ考えさせられました。普通だったらＲＣサクセションも他のレコード会社に移籍してもおかしくない状況でしたが、結局忌野さんも東芝ＥＭＩを離れずに、僕の方も自分から会社をやめることはせず流れにまかせようと決めました。

今思うと、そこで何か悩んだ時期から音楽制作者としての肝がすわってきたようです。不思議なもので、その後流れにまかせて仕事をしていると順調にヒットが出始めました。自分だけの力というものではまったくないのですが、忌野さんのソロ・アルバムや別バンドのタイマースのアルバム、サディスティック・ミカ・バンド、イエロー・マジック・オーケストラの再結成アルバム、新人では高野寛、小沢健二など世の中から注目されるような作品がつくれる時期が五年位続きました。その後、先に出た上司の石坂さんが別のレコード会社のユニバーサル・ミュージックに移ったこともあり一九九五年末に小沢健二のＮＨＫ紅白出演まで仕事して、東芝ＥＭＩをやめてユニバーサル・ミュージックという外資系の同業他社に移りました。ユニバーサルでは芸能系の仕事もしましたが、エゴラッピンという大阪のインディーズ出身のバンドがヒットしました。

どの分野でもそうだと思いますが、ヒットを出すと会社での地位向上を目指すか、自分のやりたい音楽をやるかの選択を迫られる状況が多くなって、その後会社的にある程度のポジションまでは行きましたが、結局自分がいいと思う音楽をやる道を選んだのだとあとで思いました。

二〇〇五年末までユニバーサルにいて早期退職して独立し、その後は鬼束ちひろというアーティストの音楽事務所とカフェをやっていましたが、カフェはつい最近（二〇一三年末）で閉めて、今は鬼束のマネジメントに専念しています。何故音楽をやってきた人間がカフェをやっていたかと思われるかもしれませんが、エゴラッピンと周りの人々が音楽と飲食の隔てなく考えてやっているのが、ずっとレコード会社にいた人間にとってとても魅力的に思えたからです。それは今でも変わっていませんが、僕としてはそこまで器用な人間ではないので、還暦を迎えるにあたってもういちど音楽に専念したいと考えている現在です。いろいろ苦労はありましたが、根が好きなことをやってきたので、まだ出来ればあと一〇年は音楽の仕事をしたいと思っています。

今考えてみて、自分の選択の元になっているのは、言い方が難しいですが、反教養主義的な考え方だったと思います。そういう考え方をはじめてもったのも武蔵時代ですし、僕の今まで知った世界でいちばん教養的な世界もまた武蔵だと思います。教養主義を音楽でたとえれば、ヨーロッパ・クラシック音楽が一番優れていて、その下にジャズ、ポップス、シャンソン、フォーク、演歌、民族音楽などがヒエラルキーを持って存在しているという考え方です。前回の本で中村明一君が書いていたように、一九六〇年代末にロックが音楽の世界を変え、音楽の世界の教養主義が覆された時代が僕らの武蔵時代でした。そしてロックの流れはパンク、ヒップホップ、レゲエ、ワールドミュージック等に受け継がれて行きました。僕の個人史でいえば、忌野さんのロックからエゴラッピンのワールドミュージック的世界までの流れと言えると思います。前回の本で今井顕君が書いてたことにも通じると思いますが、熊谷家も親戚にいわゆる芸術家と呼ばれる人が多くて、自分がアートに強く引かれながらいわゆるクラシックとか正統的な教養への反発がつよくあって、結局こういう日本のポップス音楽の仕事についたのだと思います。その世界で一緒に仕事してきた多くの人は、教養はまったくないけれど素晴らしい人々でした。教養主義的に言えば、ロックのルーツをたどれば一九三〇年代に数々の名曲を残しながら二十代で女出入りで殺されたブルースマン、ロバート・ジョンソンに行き着くように、本当にいい音楽は何かダークサイドを抱えた世界から生まれて来ているという実感の世界でした。

しかし、還暦前のこの歳になってすこし考えが変化してきました。これからの音楽の世界はこの文脈では語れないぞという思いが強いのです。やはり教養って素晴らしいぞ、牧師だったブルックナーの第八番はやはりすごい曲なんだなという思い、反教養主義の若気の至りの気持ちで切り捨ててしまったものの中に大切なものがあるぞという思いが最近強くなっています。

四〇年経って一周し、また次のスパイラルで武蔵的なものへの関心が強くなっている現在です。

僕の人生での〝トランジション〟

平岡幹康

人生には大きな〝トランジション（transition）〟がある。武蔵を卒業して四一年、僕のそれは、何だったのか？

〝トランジション〟というのは、キャリア形成の道のりの中の「転機」に着目し、この連続が、人生＝キャリア発達であるととらえ、その転換を成功させることがより良い人生を築いていくのに重要だという考え方である。

僕の第一の〝トランジション〟は、卒業直前の高校三年二学期の期末試験が終わったその日（七二年一二月）。僕は、医者になりたいという朧気な希望をずっともっていたが、おまえは体が弱く、一人っ子で、家もそれほど裕福ではないから、「①家から通える大学、②浪人はさせない、③公立に限る」という医学部進学の条件を言い渡された時だろう。「行ける大学がないじゃないか」と思っている息子に、父が、「公認会計士になりたかった」と。初めて「公認会計士」という言葉を聞いたのはこの時だった。父は「企業のお医者さんのようなものさ」といい、たった一時間ちょっとの会話で、人生の方向性が決まった。

僕は、生まれてすぐ、母乳を飲む時にチアノーゼが出て、小学校六年生くらいまでしか持たないだろうと言われていた。事実、不整脈で小学校四年の時に入院騒ぎを起こしたりして、小学校ではプールに一度も入ることができなかった。近所の医師が、ことあるごとに命を救ってくださり、その医師には子供がいなかったため、武蔵中学校に合格した時、医者になって養子になって欲しいと言われていた。そのため、僕は、医者になりたいという朧気な希望をずっともっていたのである。その医師は東京医科歯科大学卒で、武蔵の大先輩の北博正教授のお弟子さんでもあった。昨年、今年と、僕が同期の寺本君の縁から、東京医科歯科大学医学部附属病院で、カテーテルアブレーション治療を受けたのも、きっとそのような縁あってのことだと思う。

第二の〝トランジション〟は、やっと公認会計士になった八三年末に、風邪からの発熱、歩行困難、言語障害という症状が出て緊急入院し、ほぼ一週間眠ったままのような状況の中、腰椎穿刺（ルンバール）や脳血管CT、果てはエイズ検査まで行ったが原因はつかめず、結局は症状名だけの「急性小脳失調症」との診断で、投薬もなく経過観察のみで退院した八四年二月中旬。

この時、「もしかして、僕が死んでも世の中は何事もなく、そのまま動いているのではないか？」と感じ、「仕事を一生懸命やって早死にするより、人生を楽しんで生きよう」と、生き方そのものの優先順位が大きく変わってしまったのである。この時入院した病棟にいた女医さんが、同期の若杉君夫人となったのも、不思議な縁である。

この死にかけた経験は、監査法人という組織の中の会計士としてその後の方向性を大きく変えた。元々、会計士を目指す者は、組織になじまない輩が多いのであるが、監査対象である企業の大規模化に伴い、個人では対応しきれず、やむなく監査法人という会計士の組織ができたため、サラリーマン的な生き方も必要とされていた。そのような中にあって、こういう生き方を貫けば、組織の中での出世は縁遠いものとなるが、個人の生活を犠牲にしてまで組織のために働くなどという考え方は、僕には全くあり得ないものになった。とはいえ、自分自身が納得してしまえば、とことんやり抜くという姿勢は変わらなかった。先日、ある職場の元先輩に、「平岡の能力を生かせる上司は少ない」と言われたが、自分自身が尊敬できる先輩会計士には、とことん部下としての力を発揮したが、尊敬できない上司には、決していい部下ではなかったと思う。

第三の〝トランジション〟は、二〇〇〇年四月七日の深夜二時七分。母が亡くなったその時。

母は、戦後祖母と二人で疎開先から東京に戻り、自力で家を建て、祖母のため温和な父を婿養子に迎え、脚気と闘いながらやっと授かった僕を、男勝りの気力で育ててきた。母の子育ては、息子をスーパーマザコンお坊ちゃまにし、すべての判断のよりどころは母という、いわば「羅針盤」的存在であった。その母の死によって、僕は精神的バランスを崩してしまったのである。その結果が、前妻との離婚となり、さらに、まるで母が乗り移ったような、現在の妻との再婚につながったのである。

母は、僕が三日間の公認会計士二次試験を受験し終わったその日に、「私は乳癌だから覚悟しろ」と言い、すでに手術を受けることを決めていた。経験だからといって、手術当日の立ち会いも僕だけを指名し、その日初めて僕の前に苦しそうな姿をさらした。幸い乳がんは十年の再発期間を無事経過し、安心した矢先の八九年に、今度は大腸癌になってしまった。母は茶道界の人間であったので、着物を着るからと一回目の手術では人工肛門をいやがり、結局、再発。二回目の手術では人工肛門を余儀なくされ、その後もリンパ節転移の度手術を繰り返した。本人の意思で自宅での最期を希望、息子としてもそれを叶えるため、仕事も一ヵ月近く休んだ。この時も、仕事よりも自分の生き方を貫いたのである。母の最期は、手を握り見送った。

僕の人生は、人との縁が大きく影響している。医学部を断念し、会計士取得のため合格した早慶両大学商学部のどちらを選択するかは、兄のように慕っていた小学校の家庭教師の母校ということで、慶応に決めた。会計士試験をとるか、大学でのゼミを取るかの選択は、当時通っていた簿記学校の講師（この方は、ゼミの先輩であり、監査法人の先輩となる）の、「試験はいつでも受けられるが、ゼミは今しかできない。」という一言で決めた。ゼミに入ってみたら、大学院生として一緒に参加されていた方が、四一期の瀧田先輩であったのも縁だと思う。会計士受験については、ゼミの指導教授の「平岡君は会計士になれますよ」という言葉だけがよりどころであったし、就職浪人せず、法学部法律学科に学士入学したのも、商学部で会社法を習った法学部教授の勧めがあったからである。母の病気のことを相談した同期で慶応の外科に進んだ原君のお父上が公認会計士で、会計士の日常を学ばせて戴いたし、実務補習所の担任は、四二期の神谷先輩であったし、監査法人中央会計事務所に就職して、配属先を決めたのも、ゼミの先輩の「ウチに来い」の一言であった。

武蔵を七三年に公認会計士になることを夢見て卒業、大学は二つ学部にいって七九年卒業、その年公認会計士二次試験合格、一年間は母の看病のため父の珠算学校を手伝いながら原君の父上の会計事務所に出入りし、八〇年監査法人中央会計事務所入所、横浜事務所配属。八二年東京事務所第四監査室に異動、八三年に公認会計士三次試験に合格。目標を十年かけて達成した。

大病をし、人生観が大きく変わって八四年末に結婚、八五年長女、八七年長男、八九年次男が誕生。八六年、小学校卒業二十周年クラス会開催をきっかけに、会を催すことが好きになり、八八年には武蔵同期会を開催。以来毎年のようにこの楽しい同期会を開催し続けている。この頃は上場会社をはじめ七社のインチャージとして、監査業務がとても楽しかった時期でもあった。九七年、ヤオハンが会社更生法適用申請、山一證券が自主廃業。九八年、長女が東京女学館中学校に入学した年、法人の品質管理体制強化のため、業務管理部へ異動。週の残業時間が四〇時間というとんでもない時期が約一年続いた。そして二〇〇〇年、長男が筑波大附属中学校に合格、病院で母に報告した後、自宅で最期を迎える。

翌年、次男は本郷中学校に入学。二〇〇二年に父が亡くなり、寂しい形で行った父の葬儀には、同期で同じ一人っ子の今井君が参列してくれた。二〇〇三年、足利銀行経営破綻。二〇〇四年、法務コンプライアンス室に異動となる。二〇〇五年、カネボウ上場廃止、そして法人は、七月一日から二ヵ月の監査業務停止。二〇〇六年、父の残してくれた土地にワンルームマンション兼自宅の新居完成（施工は五一期の越野君の会社）、法人では、多くの人員があらたに監査法人に移籍し、日興コーディアルグループ不正会計処理事件がトドメをさした。二〇〇七年、はとこが区議会議員に当選、僕は町会役員になり、初めての仲人を務めたのもこの年。七月末日にみすず監査法人は解散、翌日新日本監査法人に移籍、九年ぶりに監査現場に復帰するも、二〇〇八年八月にすべての監査業務のアサインから外れ、仕事がなくなった。それをいいことに、町会の防火・防災部長として、防災士の資格を取得。二〇〇九年、人材開発本部に異動、二〇一〇年、リストラを行う一方、キャリアカウンセラー資格を取得、地元で民生委員に就任した。そして、二〇一四年九月、六十歳となり、いよいよ定年を迎える。

武蔵卒業後の人生を振り返ると、あっという間のような気がする。しかし、その時その時には、どのことに対しても一所懸命だった。皆、同じように六十歳まで生きてきて、一所懸命だったのだろうと思う。志半ばにして人生を終えてしまった仲間もいるが、皆のおかげで、毎年同期会を開催し続けられたことが四七期生の結束につながり、このような本を出版することに結びついたのだろう。定年後、どのような人生となるのか、ワクワクする思いでいる。人とのつながりを大切にし、世のため、人のためになることで、自分自身の人生を楽しみたいと思っている。

銀行員から中高一貫校の校長として

須賀英之

よみがえる鮮明な記憶

私たちは武蔵の講堂や大欅、そして根津化学研究所に象徴される旧制高校の落ち着いた雰囲気に包まれて、大人へのあこがれや学問への畏敬を知らず知らずのうちに育まれた。

中学に入学した当初先生から言われ、とまどったことは、「今日から君たちを一人前の大人として扱う」という言葉だった。英語の授業では、Gペンで筆記体の練習。数学では、分厚い手作りの教科書をもとに、先生が数式をすらすらと黒板に書いていく。昼休みは、チャイコフスキーのピアノ協奏曲とともに用務員室にお茶を取りに行き、お弁当をひろげる。社会では、コペル君の『君たちはどう生きるか』(吉野源三郎著)を読んで、おじさんの言葉から人生の意味を考える。先生方は大学の研究者の風情で、よく理解はできなかったものの、授業はそっちのけで専門領域の話を延々と続ける。

こうした半世紀近く前の記憶は、インクやお茶の匂いとともに、今でも鮮やかによみがえってくる。

校風が人を育てる

いま世の中では、ゆとり教育から学力重視、そしてグローバル化への対応として、教育改革の議論が喧しい。しかし、時代のニーズに対応して、教育制度や教育内容がどう変わったとしても、こうした歴史や伝統に裏付けされた校風、言い換えれば先生や級友とのふれあいの中で人格が形成され人は育っていくということに、還暦を迎える年代になって、ますます確信を深めている。

また、六年間を一緒に過ごした級友と今に続く交友の中で、どれほど自分自身が勇気づけられ、励まされてきたことか。まさに武蔵での出会いは、かけがえのない人生の宝となった。

一方、地方都市にある中高一貫校の校長としては、生徒の多感で成長著しい毎日の生活が、こうして一生記憶に残り人格形成に影響を与え、人生の糧ともいえる交友関係を育むという、その責任の重さに気づき、矜恃を正される思いを日々新たにしている。

銀行員から学校現場へ

私は武蔵中学・高校から東大の経済学部に進学した。大学時代はもっぱら写真部中心の生活で、三、四年生では全学の卒業アルバム編集長に没頭したため、就職先はあまり深く考えずに、日本興業銀行に就職。入行後は、国際営業、大阪支店、人事、産業調査の各部門を経験したが、最後の十年間は、バブル崩壊後の建設不動産業や銀行の関係会社の不良債権処理という、いわば野戦病院のような部署に勤務した。

みずほ銀行への三行統合準備作業が一段落したことを契機に、二十三年間の銀行員生活を離れ、平成十二年に宇都宮の実家に戻り、明治以来百十四年続く学校経営を四代目として引き継ぐこととなった。現在、須賀学園は、大学・短大・高校・中学の四つの学校を擁している。

まったく異質な分野への転身ではあるが、興銀では産業育成のために、いかに人材養成が大切であるかということを叩き込まれた。創立者根津嘉一郎翁による武蔵の建学の精神そのものを、いわば実業界で身をもって学ぶことができ、今の仕事の礎ともなっている。

地方の私立学校は生き残りをかけた競争

栃木県では、平成の二十五年間で子供の数がほぼ半減するという、急激な少子化が進行している。県立ですら二割の高校を統廃合してもなお、定員割れの学校も多い。伝統的に官尊民卑の地方の風潮の中で、私立学校の経営は、さらに厳しい状況を余儀なくされている。

私の学校は、歴史的に高校を主体に発展してきたが、現在、高校には普通科に五コース（中高一貫、特別選抜、特進、進学、応用文理）と四つの専門学科（生活教養、情報商業、調理、音楽の各科）を設け、多岐にわたる教育内容を組み生徒募集にも傾注して、一学年二十五クラス、合計で二千五百名の生徒を何とか確保している。

大学・短大では、半世紀前に設置した音楽科から始まり、現在、街づくり、福祉、保育と、地域密着の四つの学部学科の構成で、少人数制のきめ細かな教育で特色を出している。

中学は、昭和五十八年に栃木県で最も早く中高一貫校を創設して、一学年二クラス六十名と少人数制ではあるが、一期生から東大に現役合格を果たし、以来三十年が経過している。

自分自身、公立の中学・高校を経験していないので客観的には言えないが、現場に入ってみると、地方の私立学校は想像以上のすさまじい経営努力を迫られ、生き残りをかけた競争にさらされている、というのが実感だ。幸い、後輩であるというご縁で、有馬朗人学園長をはじめ武蔵の諸先生に知己を得て、いろいろとご教示いただいていることに、心から感謝している。

団塊の世代に遅れてやってきた私たち

私たちが武蔵で過ごした六年間は、戦後、日本の高度成長期が終焉を迎える時期であった。その転換期の象徴として大学紛争やオイルショックがあり、いま振り返ってみると、そうした大きな時代の変化を中高生ながら、薄々感じていたことと思う。

3C（車、カラーテレビ、クーラー）の普及をはじめとして、VANのファッションからすかいらーくの外食にいたるまで、新しい時代の潮流を作ってきた団塊の世代。それに遅れてやってきた私たちの世代。当時、ちょっと背伸びして、国際反戦デーのデモに参加したり、ローリング・ストーンズのレコードを抱えても、やはり自分たちは主役ではないな、と思ったのは私だけでないだろう。

知価社会への移行

戦後日本は、傾斜生産方式で石炭や鉄鋼などの基礎産業を復興させた。そして高度成長を支えた品質の高い電気製品や車を大量生産するシステムは、武蔵の在学当時すでに転換期を迎えていた。その後、私たちは大学生から社会人となり、安定成長期から、バブル崩壊後の失われた二十年、そしてグローバル化と少子高齢化の現在へと激しく変遷する時代を生きてきた。

この間、何事も数値により分析し、原因と結果を明らかにするという大量生産時代のシステムは、すべてのDNAを解析するというところまで行き着いた。しかし一方で、医療や福祉、教育などの分野では、細分化して分析する手法の弊害が指摘され、あるがままの状態を総合的にとらえる、いわゆる臨床的な手法も重視されるようになってきた。また、近年の知価社会では、独創的なアイデアなど固有性・差異性が利益の源泉として求められている。

クリエイティブな職業で活躍する同級生

時代の変遷を振り返り、同時に同級生の各分野での活躍を見るにつけ、私たちの武蔵での生活は、次の時代を生き抜くための知見を身に付けるものだった、と実感している。ほとんど全員が、何らかのクラブ活動に所属していたし、蹴球や水泳などの伝統の運動部や、太陽観測部や民族文化部など武蔵ならではのユニークな部活も多かった。先生方も、ユニークな個性を有する先生ばかりであった。まさに、そこで生徒自身の個性やアイデンティティが育まれたと言えよう。

社会に出てからは、（語弊があるかもしれないが、高校からの編入生を除いて）、官僚として活躍する者は少なく、大学の研究者や医師、芸術家、そして実業界でもクリエイティブな仕事についている者が多いことに気づく。

こうした教育方針は、そもそもの武蔵の三理想（東西文化融合、世界雄飛、自調自考）にあるのか、旧制高校の自由な雰囲気の伝統か、はたまた時代を先取りした当時の先生方の考え方なのかはわからない。

いずれにせよ、学校現場では、一歩時代の先を読んで、必要な素養を身に付けさせることこそ大切と自戒している。

私自身の宿題

一方、団塊の世代の後塵を拝する、という私自身の感覚は卒業後も続いた。大学に入学すると、大学紛争の熱狂からの一種の虚脱感があふれていた。もちろん安田講堂での入学式はなかった。三年後に林健太郎総長の卒業アルバム用の写真撮影のため初めて入った講堂はまだ、水浸しで荒れたままだったからだ。

銀行に入行してからも、カナダでの安宅産業やイランの三井物産がそれぞれ進めていた海外資源開発、東京湾横断道路計画に合わせた千葉県での大規模都市開発、バブル崩壊後のセゾンやそごうなど、団塊の世代の先輩の後始末に奔走することになった。私が二十年前に着工にかかわり、今も工事が続くむつ小川原工業基地での核燃料再処理工場も、ある意味では、日本の経済成長を牽引した原発の後始末にほかならない。

他の多くの同級生と異なり、こうして銀行員時代、余りクリエイティブな仕事の実績を残せなかった自分としては、次の時代を担う学生生徒の教育にかかわることが、武蔵への恩返しと心得ている。

　私たちは、団塊の世代を引き継いで、新しい世代への橋渡しをはたすために、まだしばらくは、どのような立場にあっても社会のために頑張らなくてはならない、と同級生と申し合わせている。

学校現場での毎日

　今の子供たちについて、よく言われることに、「コミュニケーション能力の不足」がある。これは、核家族化や少子化により、兄弟や家族・地域との触れ合いが少ないことから、やむを得ない側面がある。従って、中高の学校の集団生活の中で、いろいろな体験の場を積極的に設けることで、克服しようと努力する日々だ。

　戦後教育の弊害の一つに、「家庭でのしつけの不足」がある。遅きに失してはいるが、社会に出る前の最後の砦として、大学の就職講座で、お辞儀の仕方から箸の持ち方まで指導して挽回できればと思っている。

　「いじめ問題」については、毎日、注意深く生徒一人一人と接することや、限界はあるが各種のアセスメントやネットパトロールなど客観的な評価も導入しつつ、できるだけ早めに兆候を発見することが大切だ。

　「モンスターペアレント」の存在も否定はできないが、できるだけ親の子供に対する愛情を尊重しながら、コミュニケーションを密にすることで、理解を得るしか他に道はない。時には、毅然とした対応も必要だが、なかなか思い通りにはいかないのが現状だ。

校長として将来への三つの危機感

優秀な教員の人材確保

中学・高校生と生活する中で、将来に危機感を持つことが三つある。まずは、教職を目指す優秀な人材が少なくなっていることだ。

　先に書いた学校現場での教員の困難を耳にして、子供のころは先生という職業に憧れていたが、実際に就職先を選択する際になると、「教職は割に合わない」と思う学生が増えてきている。

　明治時代の夏目漱石を引き合いに出すことは憚られるが、将来を担う子供を育てる優秀な教員の確保は、重要な国家戦略に他ならない。教職免許状更新講習や教員の服務規律など管理面の強化ばかりが目立つ最近の状況に対して、単なる処遇の改善だけでなく、教員が威厳を持ち、社会的に尊敬される存在となるための施策はないものか。

当時の武蔵の先生方のように、発想が自由で豊かな、愛情深い先生をどう確保したらよいのか、思案は尽きない。

東アジア諸国への無関心

もう一つ心配なのは、子供たちの中国や韓国など隣国への感情だ。

中国との国交が回復して約四〇年、我が国は、資金協力だけでなく、戦後復興のノウハウを惜しみなく中国に供与してきた。私も銀行員時代、新幹線や高速道路や、大規模工業団地や都市開発についての日本の経験を丁寧に教え、実際に上海市浦東にもしばしば足を運んだが、中国の担当者も真摯に学び、お互い理解を深めた。

もちろん、日本の常識からいえば、商業倫理に欠ける失望感を味わうことも少なくなかったが、それでも、アジア諸国の将来性と日本との関係を考えれば、井戸を一緒に掘る大義にやりがいを感じたものだ。

今の子供たちには、一部とはいえ反日暴動のテレビ映像を繰り返し見せられるにつけ、隣国への親近感を持つことは期待できない。実際、本校調理科の生徒による中国への研修旅行は、参加希望者が集まらず、中断したままだ。

子供たちが、これからの人生を豊かで平和に過ごすために、こうした隣国との政治経済関係を上手く保っていくことは、避けて通れない。せめてアニメやドラマから日本が大好きなって留学してきた中国や韓国の本学学生と高校生との交流の機会を設けることで、少しでも東アジアに目を向けてもらいたいと願うばかりである。

このままでは、武蔵の理想とする「東西文化融合のわが民族理想を遂行し得べき人物」の育成はどうなっていくのであろうか。

中間階層衰退の懸念

最後に指摘しておきたいのは、日本の健全な社会を支えてきた中間層が、今後、衰退し、高所得者と貧困層に二極化しかねない、という懸念だ。

子供たちの将来を考えたとき、少子高齢化の進行の中で、技術革新やグローバリゼーションによる経済発展はある程度期待できるものの、はたして私たちがすごしてきたような豊かな生活をみんなが享受することはできるのだろうか。省資源やダウンサイジングなどの工夫にも限界はある。

結婚しない、家や車を持とうとしない、海外に出たがらこうした思いから、学生生徒には「自ら調べ自ら考える」を念仏のように繰り返す毎日である。私にとって、「三つ子の魂百まで」ならぬ、「武蔵の中高一貫の教えは不滅」である。

ない、こうした近年の若者の風潮も、こうした将来への不安がその一つの要因と言えよう。

日本国民はバランス感覚が優れており、歴史的に「競争原理主義・適者生存」と「所得の再配分・国土の均衡ある発展」を、振り子のように左右に揺らしながら、上手くミックスして政策運営がなされてきた。アベノミクスによる経済復調の陰に隠れている競争原理主義。比喩的に言い換えれば、「強いものがよくなれば、弱い者にもいずれ恩恵がもたらされる」、といった最近の政策の傾向は気になるところである。

今後、財政の制約の中、こうした善良なる中間層の衰退を招かないために、社会的な政策の見直しが必要かもしれない。

武蔵の教えを念じて

大げさに言えば、教育の目標は、人間を平等にするためにあると思う。どのような境遇に生まれようとも、教育によって人間は平等になれることを信じたい。また、人間教育による個性の伸長によって、一人一人が社会に真に必要で、かけがえのない人材を育てることは、大きな目標である。

本の周辺（その後）　きわめて私的な回想

牛口順二

どこから始めようか……。偶然かもしれないが、大学卒業後、ほぼ十年単位で節目を迎えていたように思う。一九八〇年代は、研究者としての未練を持ち続けながら、仕事との二足の草鞋をなんとか履き続けていた時期。一九九〇年代は、目の前の仕事に没頭した時期。そして二〇〇〇年代は混迷の中で自分と戦っていた時代。そして二〇一〇年代、これから……

武蔵を卒業後、東大の東洋史に進学し、研究者を目指して朝鮮史を専攻するが、父親の店が経営に行き詰り廃業するといった事情もあり、一旦、大学を離れることにした。一九七九年三月、偶々紀伊國屋書店の社員募集の広告を見つける。同じ研究室の友人H君が所属している劇研OBに紀伊國屋書店で働いている人がいて、毎日、図書館に行って図書館員とお茶を飲んでいればいいと言っているらしい。その言葉を信じたわけではないが、書店の営業という仕事にも多少興味もあり、応募したところ、幸いにも採用になった。後で聞いたところでは、やはり本気で仕事を続けていく気があるのだろうか、という点は懸念されていたらしい。

ともあれ、無事四月入社して一ヵ月後に、最初の配属先となる広島営業所に赴任する。いくつかの赴任先候補の中で、広島を選んだ理由のひとつが、広島大学の原田環が、「広島朝鮮史セミナー」という活動をしていたためでもあり、着任してまもなく、そこに加わる。

仕事もそれなりにきちんとやった。出来るだけ残業をしない、ということで文句を言われないように、如何に正確かつ効率的に仕事をこなすかに気を配る。大学の研究室を回り、教員と会って本の注文を取る仕事には違和感もなく、スムーズに溶け込めた。特に、流通出版物を調べるための各種探索ツール（いわゆるBook in Print）の存在を知り、研究室で教えられた伝統的な資料探索法とは違ったアプローチで文献リストを作ることが出来、それが顧客にも喜ばれた。

「広島朝鮮史セミナー」は、毎年テーマを決めて公開講演会の開催や、研究会活動などを行っていたが、一九八〇年の年間テーマは「広島の人と朝鮮」。大陸侵攻の出発点となる宇品の軍港を持ち、日清戦争時に大本営も置かれた。広島大学の前身、広島高等師範は、植民地教育行政を担う人材の養成機関でもあった。そんな広島に縁のある人物を通して朝鮮と日本の関わりを見ていこうというのが、テーマの趣旨だったが、そこで私が取り上げたのが作家の梶山季之。広島出身で朝鮮総督府の役人だった父と、ハワイ移民の娘だった母の間に生まれ、朝鮮から引きあげ後は、広島で暮らし、広島高等師範で学んでいる。

いわゆる流行作家となった彼に、『李朝残影』『族譜』といった一連の朝鮮をテーマにした作品群がある。そのこだわりは、どこに起因するのか。そんなテーマで調べ始めた。翌一九八一年は、香港で客死した梶山の七回忌に当たっていたこともあり、五月に広島大学で映画と講演のイベントを開催し、「朝鮮時代の梶山季之」というタイトルで講演した。

梶山が、田辺茂一社長と仲が良かった、というのも偶然だったが、そんな縁で、梶山夫人からは折に触れて、様々なイベントにお誘いいただくことになる。

この年、急に東京に転勤が決まったため、転勤早々、休暇をとってセミナーに参加した。転勤先の上司は「いろいろな部下を使ったが、いきなり講演に行くので休暇をくれといった奴は初めてだ」といって面白がってくれた。

紀尾井町営業所は、都内の、特に官公庁系の顧客を担当する営業所で、メインは国立国会図書館（NDL）だった。そのNDLの担当をすることになる。前任者は、あの劇研OBの高萩宏氏（現・東京芸術劇場副館長）。劇研を母体とした劇団「夢の遊眠社」の仕事に専念するため、退職することになり、その後任として自分が戻されたらしい。

ともあれ当時の紀尾井町営業所は、居心地の良い職場であり、公私ともに、一番充実した時間を過ごすことの出来た時代だった。

学生時代から参加していた「鐘声の会」に復帰し、月例の研究会の他、教科書問題のシンポジウムを開催したりした。一方、朝鮮に関する図書資料月報と銘打った雑誌『ソダン』の編集、発行にも携わる。朝鮮語を教えていただいた李承玉氏に誘われ、『海峡』の同人にも加えてもらう。広島時代の梶山に続き、在朝日本人に関心を持ち、一九二〇年代の『朝鮮時論』という雑誌の刊行に関わった日本人たちを調べたりした。彼らについて調べることは、当時とは違った情報や認識を持っていると思いこんでいた、今の自分の思い上がりを戒めることにもなった。

一方、NDLの仕事も楽しかった。和書はほとんど法定納本で収められるため、営業品目は、もっぱら洋書と古書。分野ごとの選書部会の窓口を回る。人文の窓口が、のちに副館長となった伊藤尚武氏、法律・政治の窓口が、現館長の大滝則忠氏、そんな時代だった。

洋書の新刊書は、本社が発行している新刊案内のカタログから選んでもらうため、さほど苦労はない。もっぱら古書の売り込みに力を入れる。その窓口であった収集企画室の人たち。ロシア史資料の権威だった庄野新氏。社会科学一般に造詣深く、厳しいが、たくさんのことを教えていただいた。NDLの所蔵と突き合わせ、世界各国の全国書誌の未所蔵分を抽出、古書市場で探し、案内して「これは本来館側でやらなければいけない仕事」と褒めていただいたときは嬉しかった。私は古本屋のおかみさんになりたかったのよ、といっていた小野沢うばらさん。和古書が担当で、我々素人の手の出せる世界ではなかったが、ある時、オークションに出た『グーテンベルグ42行聖書』を見に行かないかと誘っていただく。図書館員になりすまし、クリスティーズの学芸員の説明を聞き、現物を間近で見る。そのグーテンベルグ聖書は、後に丸善が創立一二〇周年事業として購入、現在は慶応義塾大学が所蔵している。

ドイツ語圏最初の学術雑誌『Acta eruditorum』の原本揃いを納入したことがある。ライプニッツがニュートンと激論を戦わせた舞台となった雑誌だ。入荷したら、何と一部が未製本のまま。当時の書籍は、所有者の好みで製本するため、こうした状態で販売されたというが、雑誌までそうだったとは思わなかった。製本して納品して欲しいと言われたが、中途半端に現代の製本にするのは嫌だった。そんな我儘に、資料保存課の方が未製本のまま収納できる箱を作ってくれた。そんなやり取りが通用する場所だった。

パーレビ政権が倒れたイラン・イスラム革命後、現地資料収集の中心を担っていたアメリカ議会図書館（LC）が活動出来なくなり、ストップしている。そこで比較的関係の良好だった日本の登場。現金を持って現地に買付にいったのが、東洋史OBであり、東洋文庫研究員の志茂碩敏氏。（あまりにユニーク過ぎて紹介しきれない。氏が東洋文庫書報に載せた報告のタイトルから想像いただきたい。「唯我独尊氏西へ行く」）一旦、紀伊國屋が立て替え、NDLや東京外語大等に購入してもらって回収する、という手順を、例の「面白いこと大好き所長」が仕切る。最後の荷物が運び出された時に、イラン・イラク戦争が勃発し、ホルムズ海峡が封鎖されたが、間一髪間に合ったというエピソードも。これには、後日談も加わる。その一。ペルシャ語文献の整理にNDLが困っているという記事に、上智大に通うイランからの女子留学生がボランティアを買って出る。一時、NDLのアイドルだった。その彼女の妹と結婚したのが、駒場時代の同級生T君だった。その二。同時期に、京大もペルシャ語文献コレクションを購入している。そこで、日本国内のペルシャ語文献の所蔵目録を作ることになる。『日本国ペルシャ語文献所在目録』。一九八三年の、紀伊國屋書店の出版物として異彩を放っている。

様々な出会い、エピソードは尽きないが、最後がこれ。一九八七年五月、外務省と国際交流基金から同時に「現在、世界で入手できる本をすべて購入したらいくらになるか」という問い合わせが入る。あまりに桁はずれな質問に、これは何かある、と直感した。中曽根訪米団が約束してきた「ドル減らし予算」騒動のスタートだった。貿易不均衡の是正が目的だから、最終消費財でなければならぬ、ということで、書籍もその対象に。総額四七億円が洋書購入のために突然予算化された。日本全国の洋書業者が大騒ぎとなったが、NDLはじめ外務省、法務省、最高裁判所などを顧客に持つ紀尾井町営業所は、この年、単独で億単位の営業利益を残すが、このとき、NDLが購入した数少ないインキュナブラ（揺籃期本＝十五世紀の印刷本）である、ヴァンサン・ド・ボーヴェ『自然の鑑』（一四七六年刊）を納入できたことのほうが記憶に残る。

翌一九八八年、筑波営業所長の辞令が出る。東京から離れることと併せ、朝鮮史から遠のくことは覚悟しなければならなかった。韓国民主化とソウル五輪、バブル景気、ベルリンの壁崩壊……、かつての朝鮮史研究へのモチベーションを維持することが困難な時代にもなっていた。（このことの誤りは、後に痛感することになるが……）そこに、父の心筋梗塞による入院・手術・介護が重なり、一九八九年の昭和の終わりを迎える。

一九九〇年に、初めて韓国を旅行する。それまで、師と仰ぐ梶村秀樹先生に倣って、「在日」の人たちが自由に行き来出来ないうちは行かないと決めていたが、その封印を解いた。津田塾大国際関係論の百瀬宏ゼミの学生たちに「用心棒」と称して同行するが、メンバーの庵逧由香さん（現・立命館大准教授）の流暢な韓国語に舌を巻く。彼女たちのような人材が研究を担う時代なのだと思った。

一九九〇年、本社に異動になる。前年から、外商部門の業務システム化に向けたプロジェクトに関わっていた。この構想の実行段階で、システム部とは別に、業務部門側にも専従組織が必要、ということで新設された営業システム課長になる。

全国に散在する営業所の業務の標準化とシステム化、国内外の仕入先とのＥＤＩ（電子データ交換）による発注と物流改革。さらに、社内システムを顧客にも開放し、図書館での選書・発注、受け入れ管理機能を提供するPLATONや、法人向けネット書店BookWebProなどを投入。この間、流通システム大賞、日経インターネットアワードなどを受賞する。

本社での調整の他、現場導入で全国の営業所を飛び回る。四十七都道府県すべてを制覇したのもこの時期のこと。一九九〇年代は、紀伊國屋書店自体が、こうした新しい施策に業界に先駆けて取り組み、実現していくことが出来た時期だった。自分の頭で考えたことが、ひとつひとつ形になっていくことに没頭することが出来た。

結局この後、営業企画課長、営業企画部長、営業推進本部長と、ほぼ同じ職場でキャリアを重ねていくことになる。それまで不況に強い業種といわれていた出版業界も、一九九六年をピークに長期低落基調に入り、その影響は紀伊國屋書店にも及び、次第に業績が悪化する。そんな中、次期社長候補と目された副社長や専務が、相次いで病に倒れるという事態も起きる。担当する外商部門も、学術資料のデジタル化が進み、代理店の役割が変化していく一方、メインの大学市場自体が、少子化の影響もあり次第に縮小していく事態には抗いようもない。二〇〇〇年以降の経緯は、いずれ詳しく検証してみたいが、この場では割愛する。二〇一〇年からは、電子書籍事業の立ち上げにも関与したのち、現在は、関連企業担当。それまで子会社を作らないことが、社是のようになっていた紀伊國屋書店だが、様々な提携関係による新会社の設立や、企業買収なども行うようになったため、そんな担当も必要になったというわけだ。

しばらく朝鮮史の研究からは離れてしまったが、アジア、特に朝鮮・韓国というフィルターを通して物事を見ると、見えてくるものがある。その視点は、いまも自分のバックボーンとして大事にしている。

前にも書いたが、韓国の民主化や経済発展で、もはや過去の歴史に起因する偏見や差別は、日本社会の中で、しだいに乗り越えられていくのかと思っていたが、二〇〇〇年代に入って、教科書への記述内容はむしろ後退し、事実を事実として認識することすら「自虐史観」などと忌避されるようになる。ネット上に氾濫する他民族を侮蔑する言葉が、「ヘイトスピーチ」として街頭にまで溢れ出るようになる。「愛国心」自体を否定するものではないが、自国の誤った過去を認めないことや、他国を不当に貶めることは許せないし、それが自国を愛することだなどとは絶対に認められない。朝鮮史を学んだ者の責任として、まだ発言をやめる訳にはいかないようだ。幸か不幸か、役員になってしばらく定年が延びてしまったが、いろいろな宿題を、心の中に温めながら、生きていきたいと思っている。

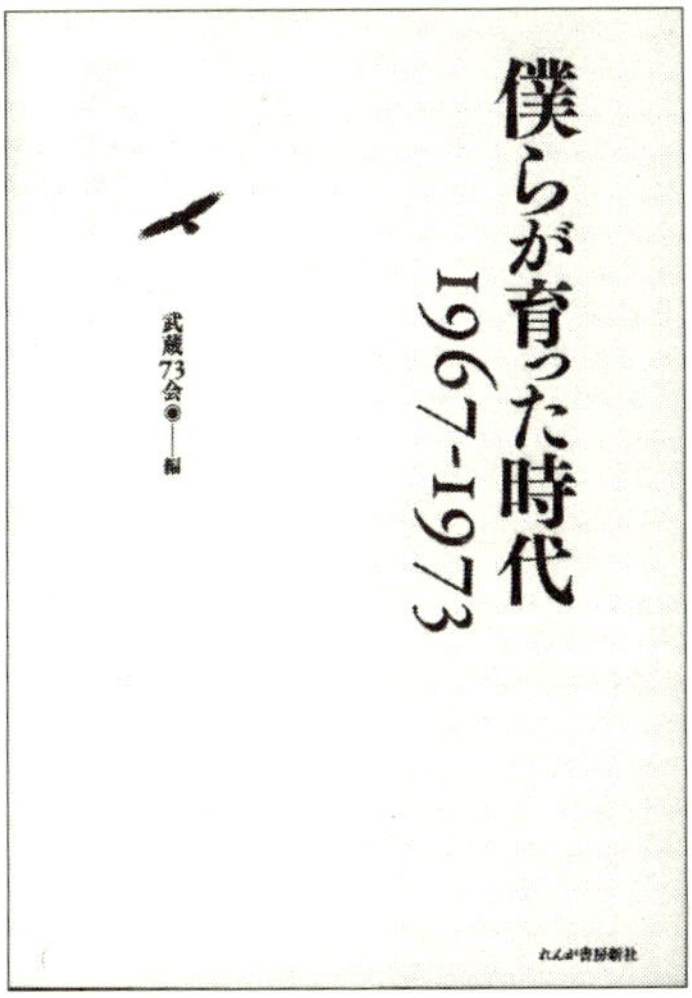

僕らが育った時代　1967-1973
武蔵 73 会 編（れんが書房新社）

2013.09.14
Masaaki Sato

Ⅳ　されど僕らが日々

薫くんは、ゲバ棒を振り回したか？

鍋田英一

1　『君たちはどう生きるか』をめぐって

中学一年の時、読んだこの本は生涯忘れられない本となった。繰り返し読むうちに、前半の「優等生」のコペル君より、後半の友だちを裏切って悩むコペル君に魅力を感じるようになった。三〇年ほど前、この書が岩波文庫に入り、懐かしさを覚えながら再び手に取った。本文はともかく、巻末の丸山真男の「回想」は感動的であると同時に軍事教練のくだりは、強く胸を打つものがあった。

しばらくして、この本の読書感想文を夏休みの宿題に出した。ある生徒の感想文は本を買うところから始まっていた。生まれて初めて買う岩波文庫の棚の前で迷っていると、親切な青年が本の場所を教えてくれた。その時、「この本は良い本です、しっかり読んで下さい」と言われたそうである。彼の感想文には「私はこの本を読んで二度感動しました。読み終わった時と買う時です」と書かれていた。

今から十年くらい前のことだった。下の娘が小学校四年生の頃、家で妻と話しているのを聞いた、「踏切の向こうの坂で、おばあさんが重い荷物を持って歩いていたの。持ってあげようと思ったんだけど、とうとう声をかけられなかったんだ」。えっ！と私は驚いた。これは、『君たち――』の中の「石段の思い出」、そのままじゃないか。妻は「そう」と頷いているだけだったが、私はそんな気持ちを抱く娘の心に嬉しさを覚えたものだ。

ところで、私の勤務する東京学館高校では授業前に「朝の読書」を実施している。今年、一年生のクラスを覗いたら『君たち――』を読んでいる女子生徒がいて驚いた。父親から本を借りたようだが、「少し難しいけど面白いです」と言っていた。吉野源三郎の八〇年前の「想い」は、まだ色褪せてはいない。

2 『赤頭巾ちゃん気をつけて』をめぐって

高校一年の時、自分の生き方に大きな影響を与える本に巡り合った。庄司薫『赤頭巾ちゃん気をつけて』である。それまでの硬い文学作品に比べて、「饒舌体」と呼ばれた彼の文章は親しみやすく、若者たちを中心に爆発的な「薫くんブーム」が起きた。日比谷高校三年生の主人公は、武蔵にいた自分にも身近に思えた。「薫くんシリーズ」はその後も、『さよなら快傑黒頭巾』、『白鳥の歌なんか聞こえない』と好評に続いた。

一方で、一六歳になった以上はサガン『悲しみよこんにちは』(『ポンジュースはトリスです』?)を読まない訳にはいかないし、カフカ、カミュにも手をのばした。東大紛争をピークに学生運動も下火に向かったが、「遅れてきた」高校生としては、奥浩平『青春の墓標』、高野悦子『二十歳の原点』などを読み、もし自分が早く生まれていたら、どう行動したかと考えた。ベトナム戦争は続いており、沖縄からは北爆のB52が飛び立っていた。高校生の自分にも何かが出来るはず、何かをしなくてはいけないと自分の心の中で自問自答が続いた。

学生運動の影響は高校にまで及んだ。しかし、現実レベルでは、政治とは無関係な頭髪や服装などの自由化要求だった。夜の生徒会室で、巡回を気にしながら冷たいヤスリ板の上でガリを切っていた。結局、自分たちの意見を載せた雑誌を密かに発行することが精一杯だった(後日、職員室が不審火で焼けた際には、疑われて困ったが)。

そんな時間を過ごしている高校二年生の三学期(一九七二)に、連合赤軍事件が起こった。二月の浅間山荘事件は野次馬的立場でテレビを見ていたが、その後、同志の「総括」が明らかになるにつれ、そのおぞましさに驚いた。

ちょうど、その頃、学習院を卒業したばかりの仁科明子がNHKテレビ『白鳥の歌なんか聞こえない』に由美役でデビューした。小説の「薫くん」は沈黙を続けていたが、作者の方はエッセイ集『バクの飼主めざして』(一九七八年)で、連合赤軍事件に触れている。さりげなく筆を進めてはいるが、薫くんと同世代の日比谷高校卒業生の起こした事件にかなりのショックを受けているに違いない。当然、執筆中の『青』にも影響を与えたことだろう。学生運動は、ハイジャック、連続企業爆破事件と一般人を巻き込むテロの様相を呈し、激しい内ゲバは国民の支持を急速に失わせただけでなく恐怖の対象となった。

そんな中、『ぼくの大好きな青髭』の連載が始まる(一九七五)。四月、サイゴンが解放戦線によって陥落。ベトナム戦争は終った。連載は二年間に及び、単行本が出るまでにさらに半年を要した(一九七七)。よほど、推敲を重ねたに違いない(か、結婚で忙しかったのかも)。内容は一九六九年七月、アポロ月面着陸の日の新宿に浪人生の薫くんが登場する。この出版までの八年の歳月は残酷である。まず、若い薫くんは自分や将来のことを考え悩む。だから「時代の預言者」という評価もあった。しかし、八年前の薫くんに、未来を語らせることは苦しい。連合赤軍事件を始め、現実の方が小説を追い越してしまったということだろうか。また、読者も歳をとってしまった。それでも、作者は読者に「若者が夢をもつことのむずかしさ」を伝えたかったのだろう。

さて、四部作はここで終るが、薫くんは、多分、翌年(一九七〇)、東大法学部へ進み、「すごい思想史の先生」のゼミに入るに違いない。そして、果たして過激な学生運動にも参加するのだろうか? 『赤』の冒頭の電話の場面で、由美のママから「薫さんも、あの棒をふりまわすほうなの?」と聞かれ、「いいえ、いまのところはちがいます。」と答えている。「いまのところは」なのだが……

3 遅れてきた学生

私自身の話に戻る。大学は歴史学科を選択した。武蔵中学合格祝いに買ってもらった宮崎康平『まぼろしの邪馬台国』の影響もあって、当初、古代史を志望したが、江口圭一『都市小ブルジョア運動史の研究』に出会ったことから、昭和恐慌期の排外主義の形成に興味を持つようになった。その中に反ファシズム統一戦線についての記述がある。簡単に言うならば、統一戦線の成否の鍵は、中間層(プチブルジョアジー)をどちらが獲得するかにある。江口論文は、過去の歴史を取り上げながらも、六〇年安保の敗北をどう乗り越えていくかの課題を示していたといえる。また、丸山真男「思想と運動」では、「ファシズム運動は中間層が社会的な担い手」になっているとし、中間層の類型化を試みている。その中に、私の職業である「学校教員」がある。反ファシズムだけでなく、様々な対立する問題の中で自分の立場はどうあるべきか、時流に流れやすい日和見派ではあるが、単なる傍観者にはならないよう自分自身の戒めとしている。

表題の「薫くんは、ゲバ棒を振り回したか?」は刺激的な題だ。自分自身を振り返ってもゲバ棒を振り回すことはなかった。せいぜい、「狭山」のデモで赤坂見附の交差点でジグザグデモをしたくらいだ。しかし、あと数年、生まれるのが早かったら、どうなっていたかと、ふと思う。小説の主人公は歳をとらない。薫くんは「みんなを幸福にするにはどうしたらいいのか」とこれからも考え続けるだろう（弥勒菩薩みたいだ）。自分としては、ここは「大学紛争を知らない子どもたち」と開き直るのも手かもしれない。ただ、「石段の思い出」は忘れない。

（ささやかなあとがき：私の手元に『赤頭巾ちゃん気をつけて』の初版サイン本がある。ただのサイン本ではない。「深沢七郎大兄」と書かれた謹呈本である。この「読者」は、読んだページを大きく折る癖があるらしく、読書の進捗状況が分かって興味深い。話すと面白いのだが、それはまた別のお話。さて、『ぼくの大好きな青髭』の最後に、由美の薫くんにかけた言葉がある、「あなたなら出来るわよ」。ひょっとして、自分も出来るかなと、思っている私である。）

僕らはどういう時代を生きてきてこれからをどう生きるのか～文化史と学園の風景から

大人のアソビ場＝知的な議論のために（第3回）／「僕らが育った時代 1967~1973」刊行一周年記念トークイベント

「僕らが育った時代　1967～1973」刊行一周年を記念して
トークイベントを開催します　　　　この本を編集した「武蔵７３会」は
現在　　続編「僕らが生きた時代　1973～2013」を鋭意編集中で
その後の僕らの生き方を問おうとしています

そこで前作を総括し次作につなげるトークイベントを企画しました

ゲストには　　45期で現・武蔵中高校長の梶取弘昌氏
43期卒業生で早大教授（ドイツ思想）の高橋順一氏をお迎えします

梶取先生は　音楽がご専門の声楽家で　芸術を通した教育を実践されています
高橋氏は　　68年の闘争の渦中にあった経験を持ち
『高校紛争』（小林哲夫著）にも登場します
現在はドイツの現代思想の専門家でベンヤミンなどの研究者です

お二人は　　僕らが育った時代と微妙に異なりますが
あれから40年近く経って

いろいろな角度から自身の原点ともいうべき時代の経験を語っていただきます
さらにそれが現在にどう活かされているか
47期からは　　音楽家の中村明一と　司会進行に　西谷雅英が参加します
会場からも自由に発言できますので　　　　　奮ってご出席ください

期日：11月10日（日）18：00～21：00
会場：スンダランドカフェ（渋谷南口下車徒歩７分）
（03）－5485－0503（代）
参加料：　1000円（あらかじめご予約ください）
イベント後会食あり（3000円程度）定員：25名
予約メール先（西谷）　nishido@muf.biglobe.ne.jp

梶取弘昌
現・武蔵中高長、1952年生まれ　東京芸術大学声楽科卒ドイツ・リートにもとずく独自の発声法を研究・実践　45期生
高橋順一
早稲田大学教授、1950年生まれ　専門はドイツ思想ベンヤミンや吉本隆明らについての著作がある　ベンヤミン『パサージュ』を共訳　43期生
中村明一
作曲家・尺八演奏家、倍音・呼吸法などを研究　国際邦舞協会（NY）のメインゲストとして　また海外のジャズフェスティバルなどで演奏予定
西谷雅英
演劇評論家・近畿大学教授、12月14日明治学院大学で「ポストドラマ演劇と日本演劇をつなぐ」（10:00～18:00）のシンポジウムを開きます

職業人として一番長い日

中曽 宏

最近、大学や高校の同窓生と旧交を温める機会が増えてきた。多くの仲間がサラリーマン生活に一区切りがつき人生を振り返る時間的余裕ができたことがひとつの背景だ。私自身、サラリーマンとなった後は職場で過ごした時間が圧倒的に長い。振り返った時、様々な思い出が蘇るが、中でも記憶がひときわ鮮明な「一番長い日」がある。以下では一九九七年の秋に訪れ、その後の私の生き方にも影響を与えた私のその日にタイムスリップする。

私は一九七八年に大学を卒業し日本銀行に就職した。大学では経済学を専攻したから、就職したら留学をして経済学をもっと勉強し金融政策を支えるエコノミストになりたいという自分なりの夢を持っていた。実際にはそれは実現しなかった。これから述べるように、一九九〇年代以降、私の職業人生活は金融危機対応に明け暮れることになったからだ。だから後悔はない。正確に言えば、その暇もなかった。

それでも一九八〇年代後半あたりまでの生活は比較的平穏だった。しかし、経済変調の予兆はあった。八〇年代末期私はロンドン駐在だった。この時期、バブルに沸く日本経済の熱気は遠くロンドンまで伝わってきていた。当時、流行りのファッションだったワンレン、ボディコンに身を固めた女性がオックスフォードストリートを闊歩し、無敵(invincible)と呼ばれた日本の金融機関がシティを席巻していた。私はN12区という北の郊外に暮らしていたが、新たに進出した金融機関の駐在員が続々と入居してきた。日本経済の繁栄は本来嬉しいはずのものだったが、あまりの勢いに危うさも感じていた。

一九九〇年代初頭、空前のバブルが破裂した。その破壊的影響は、当初見積もられていた、どんな保守的な見通しをも遥かに凌ぐものになった。物価の安定とともに、金融システムの安定にも責任を有する日本銀行は、当時、容易ならざる事態を察していた。一九九〇年に金融システム安定政策の企画・立案機能を担う信用機構局が新設された。同局内に設置された信用機構課は金融危機対応を行なう、いわば最前線部隊だった。私は一九九三年春に、この信用機構課に配属され以来七年間をここで過ごすことになった。自分達の役目は金融危機が制御不能に陥ることを回避し金融システムの安定を確保することだった。信用機構課は一九九二年から二〇〇四年までに破綻した一八〇以上に及ぶ金融機関の破綻に遭遇し処理策に関与した。金融危機の当初は預金保険法などの安全網（セーフティネット）の仕組みが非常に未整備だったので、私たちは、金融機関が破綻する度に「処理スキーム」を行政等とともに手作りで策定し、日本銀行として、必要な場合は特別融資（特融）を発動し資金供給を行った。全ての「処理スキーム」に共通した原則は、破綻金融機関の貸し出しや決済などの機能は維持しつつ、預金者を全額保護することによって金融の混乱を回避するということだった。一方で、株主資本は破綻金融機関の損失穴埋めのために真っ先に充当し、経営者には破綻の責任を求めた。この基本方針は九〇年代の危機対応に一貫したものだった。

日本の金融当局が、もはや一刻の躊躇も許されない、として覚悟を決めて金融システム問題に取り組み始めたのは一九九四年の秋だった。一〇月に行った三重野日銀総裁（当時）の講演原稿は私が執筆したが、特別な思いを込めて書いたのは、「全ての金融機関を破綻から救うのは中央銀行の仕事ではない。個々の金融機関が破綻すべくして破綻することは、競争メカニズムに支えられた健全な金融システムを育成していく観点からは、むしろ必要でさえある」という箇所だ。この部分は、不良債権問題への宣戦布告だ、と力んだ覚えがある。

金融危機への本格対応は九四年の暮れの東京都の二つの信用組合の破綻処理で始まった。その後、日本銀行を含む金融当局は多くの破綻処理に関与したが、拡大していく金融危機の中で、これでもか、というくらいに次から次へ新たな問題が生じ、対応が後手に回りがちとなった。全ての預金者を保護するためには、破綻した金融機関の損失を埋める資金が必要になる。当初は、「奉加帳方式」と呼ばれる、民間金融機関からの資金拠出に頼っていた。しかし、破綻件数が増えるに従って民間金融機関の負担限度を超えた。こうした事態を受け、九六年に預金保険法の改正で預金保険料が引き上げられ、預金保険機構の財務基盤が強化された。しかし、負担するのは金融機関であることに変わりはなかった。従って、その金額には限りがあった。自分達としては、公的資金、つまり、税金を金融システム安定のために投入すべきところまで事態は深刻化しているという危機感があった。実際、九七年の初め頃になると、不良債権問題は、当時の大手銀行の一角の存続可能性すら脅かすほど深刻なものになっていた。日本の金融システムの心臓部まで病魔が迫っていたのだ。事態のこれ以上の悪化を回避するためにも、公的資金（税金）投入はもはや不可避に私には思えた。一九九五年暮れに決定された住宅金融専門会社（住専）処理策は、日本の金融システム問題に対処するために初めて公的資金が投入されたケースだった。しかし、これに対しては世論の強い反発があった。このため、住専処理策を決定した後は、金融システム問題に公的資金を追加投入する可能性は事実上、封印された。この封印は、九七年秋の金融危機で大手金融機関の連続破綻が発生し誰の目にも危機の存在が明らかになるまで解かれることはなかった、

後に「魔の一一月」と呼ばれるようになった一九九七年一一月を迎えた時、私は課長になっていた。文字通り日本を震撼させる悪夢のような月となった一一月中、わずか一ヵ月の間に、三洋証券、北海道拓殖銀行、山一證券、徳陽シティ銀行が、ほぼ一週間おきに次々に破綻していった。私たちは、行政当局と連携しながら「最後の貸し手」として資金供与をかつてない規模で発動することなどにより懸命に対処した。

三洋証券は、顧客からの預かり資産が約二・七兆円の中堅証券会社だったが、業容拡大戦略が裏目に出て経営が悪化、最後の望みを託した他社との合併構想が行き詰まるに至り、生き残りの可能性が絶たれた。一一月三日、三洋証券は東京地裁に対して、会社更生法の適用を申請した。裁判所はただちに資産保全命令を発出、三洋證券の業務は停止された。三洋証券は、インターバンク（金融機関間の資金取引）市場において資金の取り手だったので、借り入れていた無担保資金を期日に返済することが不可能になった。返済不能（デフォルト）になった金額は市場全体の規模に比べると小さかった。だが、コール市場（金融機関同士で短期の資金の貸し借りが行われるマーケット）の歴史上初め

て発生したデフォルトの持つ重大性が咀嚼されると衝撃波が市場を貫いた。どの金融機関もが「お金を貸した相手がいつ破綻するかわからない」と疑心暗鬼に陥り、取引を抑制したので、インターバンク市場は急収縮し市場の資金仲介機能が失われた。

一一月一七日に破綻した北海道拓殖銀行（拓銀）は、当時の都銀の一角として国際的に活発な活動をする銀行だった。それ故その破綻は国際的にも大きな衝撃を与えた。私たちは、国際的なルールに従い、関係する海外当局に、「適切に処理し、絶対に日本発の金融恐慌は起こさない」と懸命に説明した。具体的な処理スキームは、拓銀の持つ貸し出しや預金の受払いなど金融機能を維持するために、地元の銀行である北洋銀行を受け皿銀行とする営業譲渡を行い、預金保険機構が北洋銀行に資金援助を実施して拓銀から引き継ぐ損失を補填することにより全預金者の払い戻しに応じるというものだった。

破綻処理策の発表は一一月一七日の月曜日が予定された。その準備に週末、信用機構課は二四時間体制で臨んだ。大蔵省銀行局銀行課（当時）との間では常時連絡がとられ最新の情報が共有された。破綻公表後には預金払い戻しが殺到することも予想されたため、これに応じられるよう前日には拓銀各支店に十分な銀行券（お札）が搬送された。また、実際の北洋銀行への営業譲渡までは数カ月の時間を要するので、それまでの間、預金払い出しに応じられるよう、拓銀向けに所謂「日銀特融」による資金供与を行う意思を固めた。対外公表資料の作成作業が閉ざされたオフィスで進んでいる頃、街では、ワールドカップ・アジア地区予戦の最終戦で日本が勝利し、初めてのワールドカップ出場を決めた喜びに湧いていた。高まる緊張感の中で作業する私たちにとって、それは遠い世界のできごとのようだった。

拓銀の処理策の最終的な作業を進めているその最中に次の破綻が近づいていることがはっきりしてきた。今度は山一證券だった。山一證券は預かり資産二二兆円の規模を持ち当時の日本の四大証券会社の一角を占めていた。また、海外に銀行現地法人を有するコングロマリット的な金融機関であった。山一證券が破綻を発表したのは、拓銀破綻からわずか一週間後の一一月二四日だった。証券監督当局が選択した処理は山一證券の自主廃業というものだった。勤労感謝の日の振り替え休日だったこの日、山一證券は、証券業の廃業と会社の解散に向け新規業務を停止することを発表した。

山一證券の破綻が公表されても金融不安が鎮まる気配は

一向になかった。処理を要する金融機関も依然残っていた。金融機関の連続破綻への対応で信用機構課の職員も疲弊していた。何日もまともに帰宅していない職員も多かったので一一月二五日の夜は彼らを早めに帰した。それでも、万一の不測の事態に備えて私と担当調査役の二人だけがオフィスで待機を続けていた。この日は夜半まで比較的静かで、何本かの定時電話連絡があっただけで夜も更けていった。「西部戦線異状なしだな。今夜はそろそろ引き上げようか」と午前二時ごろオフィスの電気を消しかけた時だった。静寂を破り一本の電話がけたたましく鳴った。日銀仙台支店からの連絡だった。「徳陽シティ銀行が破綻、と地元のメディアが流し始めたそうです」。電話を受けた調査役が緊張した声で告げる。間もなく、確認を求める他のメディアからの電話が一斉に鳴り始めた。仙台市に本店が所在する徳陽シティ銀行は経営が行き詰っていたが、二五日夜の時点では金融当局による破綻処理策は完全には準備が整っていなかった。だが、メディアに流れ始めた以上、放置すれば預金取り付けなどの混乱は必至と判断された。直ちに大蔵省銀行局との連絡が再開された。同時に上司である信用機構局長の自宅へ状況報告を行った。この結果、急遽翌二六日の早朝に破綻処理策を公表する方針が決定された。さらに、傍らの調査役に指示を出す。「帰宅した皆をすぐにオフィスへ呼び戻せ、朝までに政策委員会用の資料を完成させる。夜明けまで数時間しかないぞ」。それは「一番長い日」の始まりだった。

翌一一月二六日朝に徳陽シティ銀行の破綻処理策が公表された。一一月に入って実に四件目の金融機関破綻だった。それが預金者に及ぼした心理的影響は大きかった。テレビのニュースが流れると一般預金者の不安は頂点に達し、「あそこの銀行が危ないらしい」、とか「こっちの銀行も破綻目前らしい」などのさまざまな風評が飛び交い始めた。特に経営不安が噂されていたような金融機関には預金者が預金の払い戻しを求めて列を作り始めていた。この日の日中、私は国会に呼ばれた総裁に随行して国会内で待機していた。そのもとに信用機構課から「A銀行に数百人の預金者が並んでいる」とか「B銀行でも殺到する預金者をさばききれなくなっている」といった情報が次々に寄せられてきた。信用不安は燎原の火のように全国に広がっていった。私は血の気が引いていくのを覚えた。それは、あたかも日本の金融システムがメルトダウンしていくようだった。同日夕刻、大蔵大臣と日銀総裁は、異例の共同声明を発出し、金融当局として金融システムの安定確保に万全を期する決意を改めて表明した。この談話の中で、預金の全額を保護し、インターバンク取引等の安全を確保することに言及した。同時に、日本銀行はそのために必要な資金を潤沢かつ躊躇なく供給する考えであることを表明し、懸命に事態の鎮静化に努めた。金融システムは際どい所で持ちこたえた。この日、一九九七年一一月二六日は、日本の金融システムが全面崩壊に最も近かった日と同時に私自身にとっても「一番長い日」として生々しい記憶のまま残っている。

「一番長い日」が去っても、なかなか日本の金融危機は終息しなかった。公的資金投入を含む法律の仕組みがようやく整ったが、危機が去ったことを実感したのは二〇〇三年の春になってからだった。

振り返ると、金融危機の陰には様々な忘れられない場面があった。私が感銘を受けたのは、破綻した金融機関の職員の方々が、自らの職場が消滅することが判っていても、規律を失わず最後まで済々と業務を継続したことだ。混乱の中でも窓口業務は整然と行われ現金が紛失する事故は起きなかった。日本は本当に現場力の強い国だと改めて思う。こうしていても、「一番長い日」を挟む時代の大きな流れに翻弄されながら、異なる立場ではあるが共に仕事をした方々のお顔を思い出す。金融危機を契機に、どのような人生を歩まれたのか、ご苦労された方も多いと思うと心も痛む。金融危機以来の積年の課題である日本経済の再生という目的のために、職業人としての役割を全うすることによって、あの時代、それぞれの立場で職責を果たされた多くの方々の努力に真に報いることができるのだと思っている。今の自分を支えているのは、そうした思いと、難問に直面した際に活路を見出す、武蔵時代の「自調自考」の教え、そして部活を通じて中高体育館で培われた体力である。

以上

最早キャッチアップではない
——金融行政の体験から日本的知性の現状を論じる

森本　学

私は、昨年六月に約三十六年に亘る役人生活を終えたところです。この間、主として旧大蔵省、財務省に勤務しましたが、最も多く携わった仕事が金融制度の企画・立案などの金融行政です。そこで、私の体験した金融行政を振返って、最近感じていることを述べてみたいと思います。

私が、最初に金融行政に関わったのは、ちょうど今から三十年前の一九八三年で、日米金融摩擦が始まった頃です。この頃、日米貿易収支不均衡を背景に円安問題がクローズアップされ、翌年纏められた「日米円・ドル委員会報告書」では、対応策として我が国金融の自由化・国際化が強く求められました。この報告書を契機として、それ以降、日本の金融制度改革は急ピッチで進められたのです。

当時、金融制度を改革しようとする際、担当者がまずやったのが、欧米主要国の制度を調べることです。その金融分野について、米英独仏などの制度の比較表を作り、先進国のベストプラクティスと思われるものを日本に導入しようとします。日本の現実から見て、それが直ちに出来ない場合（そういうケースが多い）には、欧米の制度をモディファイしたり、段階的に導入するなどの工夫をするというのが、大体の仕事の進め方でした。

大きく言えば、こうしたやり方は、明治維新以来の日本の近代化の方法論と重なるものです。私は、日本の近代化は、世界史的な偉業だと考えています。何故なら、先進国のベストプラクティスを咀嚼し、文化・伝統の全く異なる日本に適用可能な形にして取り入れるという作業は、（利害関係だけでなく）相当な知的相克が伴うからです。

ところで、近代的諸制度を日本で採用するかどうかという時、それに対する知的な態度としては、概ね開明派（国際主義）と伝統派（固有主義）に大別できると思います。前者は、西洋において発達・確立した理念を信奉し、後者はそれに反発して日本の現実・伝統を基に理論を構築しようとする、と言えるでしょう。憲法制定対教育勅語、普通選挙対治安維持法など、この構図で考えると理解しやすいと思います。そして、日本の知的世界では、昭和初めの一時期を除き大体前者が優位にあったと言えるでしょう。政府が制度作りを行う時、今なお、欧米のベストプラクティスを日本に適用するかどうか、或いは国際主義で行くのか固有主義で行くのか、といった対立の構図で考えられることが多い様に思います。

ところが、最近、私にはこの構図で物事を理解することの有効性が低下してきている気がしてなりません。例えば、現在進行中の問題に「国際会計基準（ＩＦＲＳ《アイファース》）」を日本でも採用すべきかどうか、というものがあります。多くの人の理解では、ＩＦＲＳがグローバルスタンダード化しつつある中で、開明派は潔く日本基準を廃止してＩＦＲＳを導入すべきだと論じ、伝統派は日本企業の実態、商慣行に合った日本基準を極力維持しようとしている、と見られています。

しかし、この問題の実情を見ると、開明派と伝統派の対立と考えるには、その前提がかなり異なっていることが分かります。まず第一に、ＩＦＲＳはこれまで日本が参考にしてきた欧米諸制度と違って、システムとして未だ確立したものではありません。ＩＦＲＳの重要な個別基準の幾つかが修正中ですし、基本的な考え方そのものが再検討の対象となっています。関係者は、この状態をムービング・ターゲットと呼んでいます。第二に、このＩＦＲＳの基準作りに日本はかなり重要なメンバーとして参加しています。ＩＦＲＳに関する欧米の対立が深まる中で、日本は各国当局の協議の場であるモニタリング・ボードの議長を務める等枢要な役割を果たしています。第三に、中国をはじめ新興国の台頭という情勢を頭に入れておく必要があります。日本は、ＩＦＲＳ財団の中で三極の一つであるアジアの筆頭国の扱いを受けていますが、その地位は常に中国や韓国からのチャレンジを受けています。

結論から言えば、私はＩＦＲＳの様な問題は、開明派対伝統派といった二項対立ではなく、国際的な基準作りに影響力を持って参加しながら、その過程で日本の真の国益を見出し、それを又国際交渉及び日本の最終的選択に反映させるという知的相互作用が重要だと考えています。

ＩＦＲＳの様に国際基準が必要とされながら、それが確立しておらずムービング・ターゲットとなっている課題は、他にもあります。リーマン・ショック後の国際的な金融規制改革の検討なども、その例だと思います。リーマン・ショックの反省に立って、金融機関の投機的取引をどう規制するのか、市場取引の透明性・公正性をどう高めるのか、といった点について議論されていますが、国際ルールが纏まった分野はあるものの、かなりの分野でまだ議論が収束していません。国民の金融機関に対する批判が強い欧米は、厳しい規制の導入を目指していますが、経済成長のため金融を強化したい日本は全面的に賛成する訳にはいかず、また新興国には別の主張がある、という状況です。

金融行政以外の分野でも、最近は、この種の重要な課題が増えていると思います。ＴＰＰや地球温暖化対策（ＣＯＰ19）などは、その代表例ですが、何故か日本国内では報道振りや論争は盛り上がらず、せいぜい農業や製造業への影響がどうかといったレベルに留まっています。一方で、本稿執筆時点で論争が盛り上がっているのが、特定秘密保護法案についてです。私も、同法案に関する議論は理解出来ますし、重要かつ基本的な問題だと考えますが、それだけではＴＰＰ、ＣＯＰ19（いずれも日本の将来に影響を与える大問題です）と特定秘密保護法案の世論や報道上の扱いのコントラストは説明できないと思います。私には、日本の知的世界は、「表現の自由」や「民主主義」といった西欧で確立した理念や原則を軸にして議論を展開するのは得意（同法案は、表現の自由を危くするもので、一部では現代の治安維持法と呼ばれている様です）である一方、原理・原則をどうするのか自体を議論しなければいけない命題（ムービング・ターゲットと言ってもよいでしょう）は、余り得意としていない様に見受けられます。

こうした知的傾向は、日本が近代化を遂げる過程で発達させてきた、欧米で確立した原則を日本の現実に当てはめるというキャッチアップ的な思考パターンが、今でも根強いことの表れでしょう。しかし、現代において日本がより問われているのは、欧米で確立した原則の達成度合い（それは既に相当な水準にあります）ではなく、ＴＰＰ、ＣＯＰ19や新興国への対応など、原理・原則が不確定な課題に対する態度の表明や意思決定なのです。そうした課題に対して、現在、日本政府の担当者は精一杯対応しているとは思います。ただ、役人任せにすると、どうしても大きな決断はなかなか下せず、対応が受け身で後手後手に回る恐れがあります。私は、こうしたキャッチアップを超えた問題群に対して、日本の知性がもっと動員され、内外の知的相互作用が活発化することが、日本の将来を正しく選び取る上で極めて重要であると最近感じています。

ところで、武蔵の六年間で学んだことは、この間どの様に影響してきたのでしょうか。私は、武蔵の諸先生方は、数学・理科・社会科などを通じて西欧近代思想の神髄を生徒に伝えようとしていたのではないか、と感じています。西欧近代思想を吹き込まれ、武蔵三理想を信奉しつつ役所に入った私としては、基本的に、金融の自由化・国際化（要するに西欧化）こそが理想の実現であると考えて来ました。ところが、日本の国家目標が最早キャッチアップでは無くなり、世界が多元化してきている中で、より現在の状況に合った「目標」や「理想」の再設定が必要ではないかと最近感じるようになりました。海外勤務が三年と余り「海外に雄飛」していない私は、第一の理想を論じる資格はありませんが、第二の「東西文化融合」については「持続可能な世界標準」が、第三の「自ら調べ自ら考える」については「欧米信奉でもなく日本主義でもない世界全体に通用する思考」が、現代において求められているのだと思っています。

武蔵での教育と企業組織

鈴木浩一

一浪して大学を卒業してから三十五年余、同じ社名の会社に籍を置いてきたが、今年ついに定年退職金を受けとる歳になってしまった。この間、経営企画に専念した二年間を除いて、一貫して人事業務の一翼を担当してきた。それも、労務管理という狭い範囲である。武蔵の同期の中でも珍しい経歴であろう。そもそも、理系や医系に進学する生徒が多い中で、文系で企業の管理部門に長く勤めたメンバーは少数派かもしれない（同期中、医系13％、理系40％、文系45％）。かといって、高校卒業時に明確な将来のキャリアビジョンを持っていた訳ではない。何しろ、近親者の中にサラリーマンが一人もいない下町の町人の家に生まれたので、大学に入れなかったら板前になれと言われていたくらいだった。文系の大学に入れたのも、英語が苦手で平均点くらいしか取れなかったが、一方で数学が得意だったからに過ぎない。

一浪後に合格した学科も、数学科、船舶工学科、史学科、法学科、経営学科……と文理併願で、卒業時の専攻は経済学と統計学の間の子の計量経済学であった。さらに、経済学部には在籍していたが履修した科目は、江戸時代の村落の古文書、英語に独語に韓国語、刑事訴訟法、犯罪心理学、数理経済学……と専攻に関係なく雑多であった。専攻科目も含めて、これらの科目に共通するのは、学内ではマイナーであり、履修している学生も一桁というものであった。就職も業種や職種だとかにこだわらずに面白そうな会社を選んだだけであったし、卒論でコンピュータのプログラミング（経済成長予測モデル）を扱っていたので、ＳＥだけにはなりたくないと人事部門を配属先に希望した次第である。世間の常識からするとズレていたかもしれないが、武蔵の卒業生なら、知的好奇心や世間にとらわれない個人の思考に赴くままの選択は理解してもらえると思っている。

軽い気持ちで選択した労務管理を長年職業としてきたが、企業の中での内向きな執務よりは、外の世界に出て行くことが合っていたので、同業他社は言うに及ばず、各社の人事担当者と交流したり、「人」に関心のある方々と研究会を開催したり、心理系の資格をとったりした。また、学会発表や、非常勤ではあるが通年で某大学の講座をもたせてもらったりもした。そんな人事担当者の目から、企業に勤めている武蔵の卒業生を見ていると、何か他校の卒業生とは異なる共通性を感じてきた。以下の考察は、あくまでも私個人の経験的主観によるもので、何ら学術的な裏付けがある訳ではないことを最初に断っておきたい。また、勤務先にも武蔵の先輩や後輩、同期と何人もおられたが、その方々を一人ひとり念頭においている訳ではなく、もっと他社も含めて広く一般的に前後五年くらいの世代（団塊の世代（一九四七—四九生まれ）と新人類世代（一九六〇—六八生まれ）の中間）の卒業生を念頭に述べていることをご理解願いたい。

先に結論から言うと、武蔵の卒業生は組織の中では「個が早くから確立しているため、組織と個が対等（もしくは集団よりも個人を重視する価値観）であろうとする傾向があり」、「適度に頭が良く、物事の本質を良く考えたり、調べたりするので若いうちは重用されるが、組織のトップには不向きで」、「群れず、どこか醒めたところがある」傾向が感じられる。

では、何故そのような共通性を持っているのだろうか。それは、取りも直さず武蔵で受けた共通の教育の賜物ではないだろうか。

私たちは、武蔵の三理想の元に、多感な少年期にとてもユニークな教育を受け、「個」の尊重・独立を徹底的に叩き込まれた。それは、教えられたというより、上手く導かれて、育てられた感であった。三理想のうち、「東西文化融合のわが民族思想を遂行し得べき人物」と「世界に雄飛するにたえる人物」は、残念ながら私たちの世代には、あまり見るべきものはなかったように思う。もちろん、世界に雄飛していった同期は数多いるが、武蔵での教育の成果というよりは独力で成し遂げたと感じている。しかし、「自ら調べ自ら考える力ある人物」については、ほとんどの卒業生が教育の成果として身につけることができたのではないだろうか。また、ユニークな教育については、前書『僕らが育った時代』にも皆さんが多々書いているが、その他にも「毎回英文のプリントが配られる化学」、「家庭科、実は化学実験の授業」、「時間内に$x^5=1$を解けたら、腕時計をあげると言って教室を出て行った先生」、「高校三年生の三学期でも週に体育が三時限」、「課題図書が『共産党宣言』『きけわだつみのこえ』……」など切りが無い。今では有り難みが十二分に理解ができるが、あの時代に「個」をあそこまで尊重されたうえで、原典にあたって考えるトレーニングを受けたのは希有な体験であった。そして、それぞれの分野に、上には上がいることを認識させられた六年間でもあった。もちろん、ある能力が優れていても、全ての分野で完璧な人物はいないということも良く理解できた。

さらに、私たちが在籍していたのが高度経済成長期の最後の六年間であったため（七三年の第一次オイルショックで高度経済成長期は終焉と言われている）、議論の種は尽きず、七〇年安保や学園紛争の嵐の中、のちに「三無主義」とか「しらけ世代」と言われながらも、いろいろな自己の主張を考える機会が普通に得られた最後の世代だったかもしれない。私自身も、帰りの電車の中までも友人と熱く議論しながら帰った記憶などがある。最初はべ平連の主張などに共感していたが、皆と話し合っていくうちに、左翼の一方的な見方に違和感を抱くようになり、北一輝の『日本改造法案大綱』を読んだり、頭山満なども調べたりしていった。そして得た結論が、「反米」ではなく「脱米（米国からの自立）」であった。このように、個人個人が調べ考えることや、個人の主張が大事にされる環境で育てられた。

「自由と責任、個の確立」が当たり前の武蔵の卒業生に対して、この四〇年の間、企業や組織はどのような人材を求めていたのだろうか。四〇年間の経年変化を比較できる調査は見当たらないが、経済同友会が一九九七年から二〇一二年にかけて、二、三年置きに大学学部卒新卒採用の際に企業が重視する能力を調査した結果が次図である（「企業の採用と教育に関するアンケート調査」／一六〜一七項目から三項目選択した比率／比較可能な年度範囲で作図）。例年、多くの企業が重視してきたのが「熱意・意欲」や「行動力・実行力」であり、「協調性」も年々高まっている。二〇一二年の調査でも集計方法は異なるが、同じ傾向である（二〇一二年調査では「協調性」の代わりに「チームワーク力」と表記）。一方、武蔵生が得意と思われる「論理的思考力」や「学ぼうとする能力」、「問題発見力」は低い結果となっている。個性重視とか、オンリーワンとか世間では言われるようになってきたが、相変わらず企業が求める人

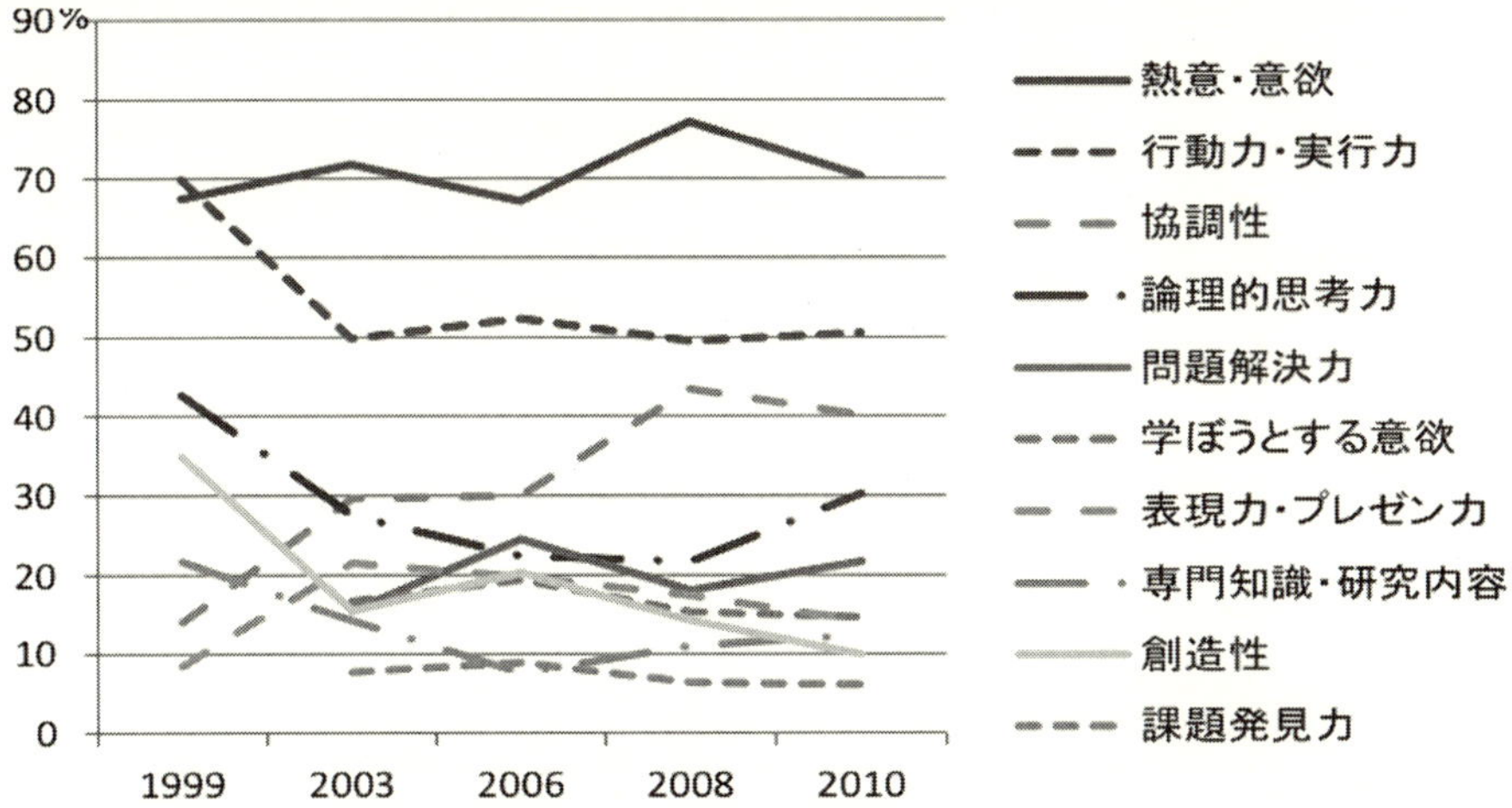

材は、決められた目標に対して、協調性をもって熱く突き進む人材である。目標を自ら考えることは求められず、欧米に追いつき追い越せとの思いを共有し、ガムシャラに突き進んだ高度成長期のビジネススタイルが、その後も多くの企業で採られ続けてきた。バブル崩壊後の一九九〇年代後半には、一時的に突出した人材が求められ、「自己責任・自己評価・自己開発」とか「マネジメントよりリーダーシップ」などというフレーズが従業員教育で強調されたこともあったが、いつのまにか元に戻ってきた感である。また、多くの人材が企業からもＭＢＡ（経営管理学修士過程）コースなどに送り込まれたが、戻ってきても活躍できる風土は日本企業の中には少なかったように思える。「変革」よりは、「改善」や「維持」が日本企業では相変わらず重視され続けた四〇年間であった。

　それでは、企業に留まらず世間一般の卒業生への評価は、どうであっただろうか。卒業生の中から各高校別に著名人を取り上げた本が何冊か発刊されている。例えば、鈴木隆祐著『名門高校人脈』（光文社新書、二〇〇五）、横田由美子著『政治家・官僚の名門高校人脈』（光文社新書、二〇一二）、などがある。これらに取り上げられた一九四〇〜一九六〇年代生まれの卒業生（一九五〇年代だけでは、武蔵生はあまりにも寂しいので）を開成、麻布、日比谷と比較してみると、世間から評価されている卒業生の輩出が少ない気がする。まだ文芸界などの個人の領域ではそれなりに輩出しているが、政財界などでの組織のリーダー格が特に見劣りしている。

失われた十年とか二十年とかと良く言われる。この間こそ、私たちが四十代、五十代で一番真価を問われる年齢の時であった。本来、武蔵流の育てられ方をした我々こそ、イノベーションやクリエイティブに真価を発揮して、日本経済に変革を起こす使命があったのではないかと、自省も込めて思うところである。ひょっとすると、日本経済を停滞させた二〇年間を防ぐ役割を担っていながら、ハングリー精神の欠如により「ぬるま湯」の中に過ごしてきてしまったのではないか。醒めた目で見過ぎていたのかもしれない。

四〇年経って振り返っても、私たちが受けた教育は素晴らしいものであったと確信しているが、その恩恵に対して、私たちは責任を果たしてきたのだろうかと自責の思いが強い。まだ、遅くはない。私たちにもできることは残っているのではないだろうか。また、母校でも当時の教育熱が残っていることを願いたい。正解のある問題の解き方のみをトレーニングされ、大学に入学した学生では変革を行うことは難しい。さらに、中・高のうちに小さな挫折や敗北の経験を多くさせてほしい。会社に入って初めて経験することが無いように、耐性をつけてほしい。

苦しみは続く——個人的な追想

三好重明

武蔵を卒業する年に大学を受験した。だがその時点では未来など何も見えていなかった。もとより未来など見える筈もない。つまり、どのようになりたいのか、どのようにして生きていくのか等ということについては何も見えていなかった。当節は大学ばかりか中学、高校等でも所謂「キャリア教育」等という名目の下に課題を与えて、将来の自分の「キャリア」を意識させ、準備させる試みが標準的に行われているようだ。しかし、僕らの時代には、特に武蔵では、それは単に個人的な懸案であるに過ぎなかった。そしてそれは正しい。そんなことは自分で考え、自分で見て、自分で探して、自分で獲得したまえ、諸君。勿論、それは大変なことだ。どうすれば良いか判らなければ、どうしたら良いか考え、自分で適切な人に聞き、自分で請うて教えてもらい、自分で何とかするしかないではないか。僕は何も考えず受験し、受験に失敗した。浪人である。一年間浪人生として受験勉強し、その過程で数学に携わることを目標に見出した。無謀である。大体、数学が得意だった等といえる訳でもなかった。武蔵での定期試験の際、あるクラスメイトが最高点の答案を返却されているのを横目で眺めながら、数学に携われるのはああいった人達なのだろうな、と思ったものだった。でも小学校の頃から算数に、数学に魅かれてはいたのであった。そして、浪人の受験生の日々にある予備校のある教師の影響及びその予備校で講義していたある偉大な数学者の影響の下、本当に無謀にも数学の道を志して数学科を受験したのだった。将来、日の丸弁当の毎日でもよいから兎に角数学に携わって居続けたい、と愚かに思い詰めて勉学に励んだものだった。今思えば呆れる程無謀な思い込みだ。しかし、それが「若さ」と言うべきものなのだろう。数学はある意味で人類の営為の中で極限に位置するものである。つまり、誰でもがそれに携われるものではないのだ。当時、東京大学工学部教授であった大叔父は「数学は苦難の道である」と言って諭した。彼はしかし若き夢見る頃、数学を志したのだった。そして様々な事情によりその志望を諦め、機械工学の道を選んだ。そして、システム工学の権威となり、計算機理論の先駆的仕事を成し、多くの著作を著した。姪の息子が数学をやりたいというのを聞いて、彼の胸に去来するものは何だったのだろうか。

一年間の浪人生活を経て、ある大学の数学科へ入学した。そこは望んだところではなかった。志望校の入学試験の際、愚かな振る舞いの為に一年間の努力を棒に振ったのだ。しかし、もはや無意味な受験勉強を続けるのは耐え難く、本当の数学を学びたかった。ただ数学者になることを夢見た。愚かな夢である。その大学の数学教室は私学のそれとしては一応伝統もあり、定評のある教室であるとされていた。卒業生の数学者も何人か知っていた。しかし、数学研究の場としては状況は悪かった。後で知ることになるのだが、そこの卒業生で数学者として活躍している人達は殆ど皆、外へ出て行った人達だった。僕はその中で苦闘した。専門に選んだ分野の世界最先端の研究は、東大のあるスクールが担っていた。そこから得るものは多く、外国へ留学する必要性を感じなかった。これまた愚かな振る舞いであった。何にせよ、外へ行っておくのは良いことなのだ。

一九七九年は修士論文を書く為にもがき苦しんだ年だった。当時、修士論文は所謂キャリアパスであり、オリジナルな結果が得られなければ数学者への道は断たれたも同然だった。現在、学生の指導をするという立場にあっては信じ難い話であると言わざるを得ないのだが、当時の僕には指導してくれる先生はいなかった。大学院へは推薦で進学したのだったが、所属することを希望した研究室の先生には「他大学院を受験した方が良いのでは」と言われたものだった。その通りだ。僕は「数学は結局は独りでやるものである」というドグマに囚われていた。そして、傲慢にも「独りで自由にやっていく」ことを良しとしていた。素晴らしい数学者の指導を受けて数学者は育つのである。その指導とは具体的に問題を授かるとか、色々と教えてもらうとかいったことではなく、単にその素晴らしい数学をすぐ近くで見られるということであり、それが非常に重要なものなのだ。僕の先生は数学者としては優れた人だった。ただ、専門が僕のものとはかけ離れていたのだ。それを了解した上で、僕は大学院へ進んだ。外へ出るべきだったのだが、当時は未だ何も判っていなかった。置かれた状況の故に、数学研究を行う為の十分な準備も何の縁も無かった。武蔵の同期で東大の数学科へ進んだ友に話を聞き、彼の状況を羨み、色々な大学のセミナーや講義に潜り込んだりした。東大のそのスクールに近づき、何とか教えを請うた。彼らは基本的には受け入れてくれ、また多くのことを教えてくれた。兎に角、もがき苦しんだ。

当時の日録には九月の終わり頃から修論に関する記述がある。何かを証明できたと書いたそのすぐ直後に誤りを見つけたという記述。その繰り返し。証明しようとしていた主張（命題）は正しかったのだが、その証明のアイディア、手法は今考えればとても無理なものだった。多分、それに薄々気付きながら、しかしそれに固執する以外為すべきことを知らなかったかの如く、また愚かにも似たような試みを始める。それを捨て去れば何も無くなるという恐怖におののきながら。ある日の日録にはある古の哲人の教えが書き留められている：「激しい苦痛は長くは続かず、長い苦痛は大したことはない」。そんな中でも日録によれば、例えば九月二八日には武満徹の『秋庭歌一具』初演（於国立劇場）を聴きに行き、一〇月一一日にはギリシア国立劇場公演、エウリピデス『フェニキアの女たち』（於新宿文化センター）を見に行ったりしている。また、多摩川へサッカーをしに行ったり（後に「FC1973多摩川」というクラブを立ち上げ、世田谷区や川崎市のリーグに参加したのだった）、来日していたニューヨーク・コスモスと日本代表の試合をテレビで見ている。ベッケンバウアーや釜本の素晴らしいゴールについての記述がある。当時の日本では、サッカーは極めてマイナーなスポーツだったことに注意しよう。余裕があってこれらのことをしていた訳ではなく、精神の平衡を保つ為の健気な努力だっただけだ。心の平安（アタラクシア）を求めて。数学と音楽とサッカーの三位一体、それが僕の人生の全てであってもよかった。それらで身を立てることは叶わなかったとしても。

「結局、初めに考えていた問題が、あっけなく解けた（と思っている）」。一二月八日付の日録はこう始まっている。一一月一七日に多摩川へサッカーをしに行き、その夜にある解答が現れたのだった。もがき苦しんでいた問題から離れ、以前に考えたことのある（しかし自分ではその意義が十分に見出せなかった）問題を考え直してみたら、もう既にそこに答えがあったのだ。それが僕の修士論文となった。この結果は僕の最初の論文として後にある雑誌に出版されることになる。その雑誌は世界的な一流の雑誌で、そのような雑誌に出版できたのは大変幸運で名誉あることなのだが、しかしそれが後に新たな苦闘を導くことになる。十分な能力もないのに一流の舞台へ躍り出てしまったものの苦悩。だが、それはまた別の話だ。

この修論の内容の説明を試みるのはやめた方がよいようだ。ただ、大した結果ではない事だけは確かだ。良い雑誌に出版してもらえたのは、様々な幸運に恵まれたからなのだ。

僕自身にしか意味のない、つまらない話に過ぎないこれらの文章を書かねばならなかったのは何故なのか？　理由はこれもつまらない謎に過ぎない。

<企画案>「大人のアソビ場——知的な議論のために」

日本人のライフサイクルが変わった。歳のとり方も違ってきた。

60歳を迎える2014／5年、わたしたちは人生の一つの節目を迎える。

60年というサイクルで、人生は一つの環を閉じる。だが生命として身体は、50年前とはまったく異なった時間帯を生きているのではないか。まだ誰も経験したことのない未知な領域にわたしたちは突入しようとしている。その実験段階に入った。

そこで、これからの生き方を探ってみたい、未来への提言をしたいということで、この企画を立ち上げた。日頃使っていない頭脳の筋肉を駆使して、人生のもっとも充実した今、言葉によるもう一つの世界をつくってみませんか

『僕らが育った時代　1967-1973』を編集した「武蔵73会」のメンバーを呼びかけ人として、大人が議論できる「アソビ場」を定期的に開催します。「大人のアソビ場」は2, 3ヵ月に一回、原則として週末の夕方から夜にかけて開催します。毎回、2人ないし3人の発表と質疑応答のトークを中心に15～30名程度の小さな集まりとなります。ふるってご参加ください。（参加料＝1000円）

呼びかけ人＝磯野彰彦　牛口順二　宇野求　岡昭一　中村明一　西谷雅英

☆第一回　「倍音とその変遷　1967-1973」（中村明一：作曲・尺八演奏家）
「医療の最前線」（仮題）（山川彰夫：東京大学医研）
「『僕らが育った時代　1967-1973』の反響と今後について」（西谷雅英：同書編集代表）
期日＝4月28日（日）18：30～21：00　会場＝東京芸術劇場　小会議室5

☆第二回　「都市の被災と建築の進化——災害は常時の問題をあらわにする」
（宇野求：建築家・東京理科大教授）
「サッカーの話をしよう」（岡昭一＋下川宏治：元武蔵高校サッカー部）
期日＝7月14日（日）18：30～21：00　会場＝東京芸術劇場　小会議室5

この四〇年を振り返って

植松武史

現在自分は埼玉県久喜市にある公的病院で消化器外科医として、副院長として日々の診療にあたっている。振り返ってみて武蔵の何が今の自分を作り上げたか、ということについて具体的に思いつくものはない。しかし武蔵での六年間には大変感謝している。普段は意識することはないが、医学系の学会で武蔵出身であり高名な教授の講演を聴いたりしているときに何か自分と同じ匂いを感じたり、大学の同窓のなかでも武蔵での医師とは何か自然と親近感を感じたりするのも不思議なことである。過去から現在に至るまでどの年代の武蔵生も共通に体験する何かが六年間（あるいは三年間）の中でつくられるのであろう。

思い起こすに今から五〇年近く前、日本進学教室に通いながら漠然と中学はどこに行くことになるんだろうか（少なくとも地元の区立中学に行くことはみじんも思っていなかった、いや坊主頭にされるので絶対行きたくなかった）とのんびり過ごしていた。あまり予備知識もなかったものだから一歳年上の従兄弟が合格した慶応にでも行くのかなと思っていたし、当時の小学校の担任も君は慶応受けるんだからこの問題集を買いなさい、なんて押し売りされたくらい慶応受験は何となくではあるが自他共に認めていたことであった。ところが願書を出す少し前になる段になって、いわゆる御三家なんてものがあるのを知り、その中でも武蔵中学校というところは東長崎の自宅から一番近い、区立ではない中学校であるということをようやくこの頃知ることになるのであった。王道からちょっと一ひねりした物が好きであったからかもしれないが、過去問を勉強していると自分の受験の二年前にミカンを受験生に渡してこれから気がついたことを答えさせる問題（恒例のお土産問題というんだそうだ）なんていうものをみつけ、これはいい！なんて感激した。ミカンをむく前にヘタをとってその裏側の筋を数えれば、皮をむいた中身の房の数と一致する、なんていうよくある答えを書いてみたら、解説にはその手の回答では点はもらえないとしてあった。知っていることを検証もせず受け売りそのまま書くのではなく、自分で観察しなぜそうなるかを考え（自調自考）答えるものであり、通常の受験勉強が通用しないというところにいたく興味をそそられた。そんなこともあって武蔵受験を決めたのであった。

武蔵に入ってはじめに一番武蔵らしいとして印象に残っているのは正田健次郎校長先生の道徳の授業で、「あみだくじ一対一対応の証明」である。あみだくじが数学であり、しかも一対一対応の証明にもいくつか解法はあったことなどそれこそ目から鱗が落ちる思いであった記憶がある。また、自分の二年後輩たちの社会の入試問題では選択問題の正解は「ム、サ、シ、ヨ、イ、ト、コ、ヤ、ツ、テ、キ、ナ」（ただし、さすがに正解は順番を入れ替えてある）であることを城谷先生が得意げに教えてくれたが、これには驚愕した。自由の校風といわれるが、生徒より教師の方がよっぽど自由で遊び心にあふれているではないか。また中学の一〜二年の体育の授業で集中的に水泳を習い、それまでは学校のプールのヨコ一〇メートルを泳ぐのがやっとであったのが、鵜原での海浜学校では何キロでも泳げそうだぞという大変大きな自信を持つまでになった。物事に飛び込み集中して打ち込めば自分が想像していなかった地点にも到達できるということがわかった貴重な経験であった。

大学は千葉大学医学部に入学したが、そこには当然誰もが知る有名進学校開成・麻布・教育大付属（駒場）や地方ナンバーワン県立高校出身者がそろっていた。しかし彼らからは武蔵出身者とは良くも悪くも違う雰囲気を感じることが多かった。大学卒業後は外科に入局。肝臓移植に関連する研究で学位を取った。当時は日本では肝臓移植が行われていなかったこともあり、その臨床を学ぶためにフランス語もできないのにパリに留学（世界に雄飛できたか?）。当時は肝臓移植を目指す者はアメリカのピッツバーグ大学に留学するのが王道であったが、みんなと同じじゃつまらないと考えた。ヨーロッパの肝移植施設でもケンブリッジ大学のように当然英語を使用するところはやはり日本人がいるので、なるべく日本人医師がいない、しかも症例数が多いというところからパリ郊外の Hopital Paul Brousse という施設を見つけそこに押しかけ留学した。無謀に飛び込んでいった二年間の留学で多数の症例を体験したが、臨床的に学んだことや学問的に得たことより今の自分にはパリでの日常生活の思い出や経験の方がずっと大きい。ゼロからスタートしたが最低限飢え死にせず生きていけるくらいのフランス語も使えるようになった（今ではだいぶ忘れたが）、ヨーロッパ中で一生つかえる自動車免許証も持っている、ワイン・フランス料理を堪能した、かつては興味がなかった絵画も好きになった、等々自分の中で東西文化が多少融合した（？）ともいえる。

そして現在の自分である。繰り返すが武蔵で教育を受けたことをずっと感謝してきたし誇りに思っている。日々の診療に明け暮れながらも、中学高校を通じて養われたのであろうこと、名誉や金銭といった世俗的なものとは異なる価値観あるいは真実や物事の本質を求める心を持ち続けたいと思っている。

理想主義と街の経験

宇野 求

武蔵高校を出てから駿河台の予備校で一年を過ごした。そこは一九六〇年代末の学園紛争時に市街戦の舞台となった街でもあったし、そもそも東京のカルチェラタンとされていたようなモダンな文化の香りのある街でもあった。田園の武蔵時代とはまったく別種の環境であって自分にとって居心地よい街だった。他の高校出身の浪人友だちがだいぶできて、それが当時の自分にとって、この上なくフィットした。国立、都立、私立、いろいろな高校の出身者、そして男女、地方から来ている者も少なからずいる。武蔵のような、東京郊外で育ったごく少数の少年の集まりではなく、さまざまなバックグラウンドの大人数の若者の集合で、そして社会的には宙づりの中間的な偶発的な集まりだったから、つまり都市的集団のなかにまぎれている心地よさがあったのだと思う。「都市の空気は自由にする、Stadtluft macht frei」というわけである。

当時の予備校の校舎の狭小横溢さといったら相当で、武蔵のようなおおらかな校地で育った身からすると、押し合いへし合いのベンチシートとデスクに学生を詰め込んだ教室には辟易とした。そうした儲け主義というか過剰な競争的高密度感に満ちた教室空間を嫌ったこともあったし、次の入試を待つための時間だったこともあって、気が合って仲良くなった僕たちは講義授業にほとんど出ることはなく街で時間を過ごした。喫茶店で過ごすことがいちばん長かったかと思うけれど、お茶の水は学生街であったし、当時のおしゃれな店もたくさんあって、要するに街でぶらぶら遊んでいたのだった。いま振り返っても、最高度の自由を楽しんでいた時期だったように思える。

その当時の友だちは、不思議なことに、かなりの確率で自由に好きなことをやりつつ、しかし、なんとか激動のその後の時代を生き延びてきているし、何人かのものは、出世もしている。思い返してみれば、その後の四〇年間ほど世界はまったく様変わりしている。当時、スタバはなかったし、ケータイもスマホもない。音楽といえば、歌謡曲とかフォークとか……洋楽とかいってあちらのものはLPで聴くかラジオから流れるだけ。ウォークマンもまだなかった。サッカーも一部の人しかやってなかったし、自動車も排ガス規制の前で四角いデザインだった。コンピュータはなかったし、街で人が着ている服は色彩や柄のあっさりしたものがほとんどだったし、スパゲティといえばナポリタンと呼んだケチャップをまぶしたパスタくらい。ピザだって、ニコラスくらいでしか食べることはできなかった。ロードショーも名画座もあったけど、映画館は今とは違って、なんていうか、ちょっと暗く湿った情緒や叙情があふれていた空間だった。あれから四〇年。オイルショック、ドルショック、バブルを経て、グローバル時代に突っ込んだ末、日本社会の構造と様相はまったく変わってしまったのだけれど、当時のアナログな街ですごした僕たちは、それでもなにかを、その時代に学んだように思えるのである。

身の回りのものも、街の姿も、それゆえライフスタイルも違ってきているけれど、そのように環境が変わっても生きる街というものがあって、そのことを街から体得していたのかもしれない。高度経済成長時代とオイルショック時代へと推移した中間期に高校を出て、そしてそのときは世界のパラダイムが大きく変化する中間的な時代だったから、結果、なにか理想主義とはちがうものを体得したようにも思える。経験主義的な、なにものか。理想主義の学園で少年時代を過ごしながら、それが現実主義の時代へと以降する中間的な過渡期に、若く自由に、都市を享受できたことが、後の自分たちに影響を与えているのではないか。二一世紀初頭のいま、ふたたび僕たちは大きな過渡期を迎えている。

やがて来る時に備えての考察

寺本研一

生物である我々の最終目的地は土にかえることである。今まで死ななかった人間はいない。土に帰るということは死ねば諸元素になり、いつかは地球もなくなるとしたら、それは電子と原子核にわかれ、やがてはいくつかの素粒子（アップクォーク、ダウンクォーク、ヒッグス粒子など）になり、重力と電磁力と強い力と弱い力に支配される不思議な宇宙へと散っていく。我々のおおもとをなす素粒子は何もないところから揺らぎによって泡がボコッと湧き上がるように、プラスとマイナス、陽粒子と陰粒子が生じたのだ。すなわち我々は何もないところから生まれたともいえる。

本稿では、我々誰にも平等にくる「死」に備えて、医者という職業の経験をもとに考察してみたい。

私は大学病院の外科で肝臓がんや膵癌の手術をしていた。現在は開業して胃カメラ、大腸カメラなど消化器を中心とした診療や鼠径ヘルニア、下肢静脈瘤などの小手術で糊口をしのいでいる。在宅診療も少しやっている。在宅診療では寝たきり老人の診察や看取り、すなわち死に水をとり死亡診断をして死亡診断書を作る仕事をもやっている。患者の家族から「死ぬ時はどのようになって死ぬのですか？」という質問をしばしば受ける。

どうなって死んでいくかを説明、予測することはしばしば困難である。予想した通りの死の経過もあり、そうでない場合もある。以下はあくまで外科出身の一般臨床医による個人的な経験に基づいた一私見であることを断っておく。

一般論として次のようなことが言える。どのような死に方にせよ、死ぬ直前は体内の環境がめちゃくちゃにくるっているので、意識が清明でなくなると推測できる。たとえば、何らかの病気で死が近くなると、必ず臓器不全の状態になる。たとえば、心不全、腎不全、肝不全、呼吸不全などである。このような状態では、生体の恒常性維持機能が働かず、脳の働きも落ち、意識障害となってくる。そうなると死の苦しみ、恐怖はあまり感じなくなると思われる。

まず、死を大きく二つに分類してみる。急性（突然。周囲の者が受け入れるのに困難。比較的若い人が多い。事故死。）の死と慢性（時間をかけて。避けられないことが分かっている。老人。大往生。周囲の者が死を受け入れようとしつつある。または受け入れている。）に分けられる。以下それぞれについて簡単に考察したい。

急性の死の場合、急死に残された周囲の者たちの最大の関心事の一つは本人が苦しくなかったか？ということである。交通事故などで即死のときは本人が苦しまなかったと信じられるのがせめてもの救いである。ところが、急死でも、人知れずなくなっていたという状況がよくある。たとえば、私の親友の一人で日本の臓器移植コーディネーターの草分けであった友人は五十二歳で亡くなったのであるが、彼の場合は朝になったら布団の中で亡くなっていた。夜には元気であった人間が朝は冷たくなっていたのである。この場合家族や周囲の者が知りたいことのひとつは、亡くなる時本人は苦しんだであろうか？ということである。その時、私も彼に聞きたかった。「死ぬ時はどうだったんだ？」と。医学的にはこのような場合、心筋梗塞や脳出血のケースがほとんどである。以前に心筋梗塞から辛うじて生還した患者さんから直接聞いた話によると、心筋梗塞の痛みは非常に強くすぐさま自分はこのまま死ぬという恐怖を感じるものであったという。

しかしながら、このようなケースでは苦しんだ時間は少ないと推測できる。おそらく、非常に強い痛みや死の恐怖感はあったであろうがかなり短い時間であり、その後はすぐ意識がなくなったと思われる。いずれにせよ、急性の死は残された周囲の者たちに大きなショックを与える。

慢性の死に関して自宅での死を考察してみる。

私は自宅で死ぬことは最後の最大の贅沢であると考える。まず、借家にしろ、持家にしろ自宅がなくてはいけない。また、面倒をみて看取ってくれる家族がいなくてはいけない。これらがそろっていることは相当の贅沢だ。現代では自宅で死ねることほど贅沢はない。私は家で我が儘をいって死んでいきたい。家で死ぬということは死を受け入れているということに通じる。もし病気と戦うのなら、家では戦いにくい。設備も、医者や看護婦もいないから。病気と戦いたい人は病院に行く。死を受け入れたなら日頃暮らしなれた自宅で、家族とともに残された時間を過ごし、死んで行くのが最高である。しかし、家で死ぬためにはいくつかの条件がある。それらが揃わないと家で死ぬのは難しい。病院、ホスピスへ行った方がよい。

まず、基本的なことはマンパワーが必要なことである。寝たきりになると食事からトイレの世話まで必要である。つきっきりにならなければ介護ができない。家族にとって重い負担である。仕事などしていられない。しかしながら、私が看取った方にこんなすごい方がいた。八七歳の女性であるが、完全に独居。すなわち、一人暮らしで、子供も面倒を見る兄妹親戚もいない。この方はキャリアウーマンであったようで、かなりしっかりしていた人生設計を持っていたようである。持ち家ともう一軒家作を持っていた。しかも、自分が動けなくなったり、認知症になり判断ができなくなる時に備えて、ある時点から弁護士を後見人として頼んであった。やがて、本当に動けなくなり、認知症も進み、寝たきりになり、友人はもちろん血縁のものもおらず、誰も介護する人はいなかった。しかし、介護保険を使い、ヘルパーが交代で一日六回家を訪れ介護をすることにより、人としての尊厳をもった死を迎えることができた。このように、例外的ではあるが血縁などのマンパワーがなくても自宅で天からのお迎えを受けることはできる。しかしながら、基本的に家で死ぬにはマンパワーが必要だ。

その次に、痛みがきちんとコントロールされていることである。現在はがんによる疼痛はかなり自宅でもコントロールできる。がんによる痛みが強い時は麻薬性鎮痛薬やその関連合成鎮痛薬が非常に有効である。しかし、がん性疼痛以外の疼痛もある。これらは根本的な対処をしないとかなりつらくなる。たとえば大腸癌ができて腸閉そくになった時である。このとき生じる痛みはいわゆるがん性疼痛ではなく、腸管内容物が溜り、腸管が拡張するための痛みでおう吐などを伴う。このようなときは鼻から胃や腸まで管をいれて腸管の減圧をしてあげないと苦しみはとれない。それを自宅でできないことはないが、病院でないとなかなか困難である。

次に重要なことは、急変した時の準備または覚悟ができているかということ。家で看取るとはお別れのときが来た時、慌てふためかず、それを受け入れることであるが、現実には難しいことがある。死亡する間際にバタバタすることが多いのである。たとえば、吐血する、下血するなどが起こると、本人も家族も動転して、家ではとても見きれない。すぐ救急車を呼ぶ羽目になる。もし急に状態が悪くなったらどうしよう、家では何もできない、という恐怖を本人や家族が持っているときは、そして急変時に安心できる体制がないときは家では看取れない。

そのほか自宅で死ぬ利点はある。まず、人間という生きものが死んでいく過程を子供や、孫によく見せることができる。彼らにとって命を考える非常に良い機会である。また、避けられないそして順番にのっとった死は病院で見るには社会資源の無駄である。病院は将来のある人を助けるのに労力をつかうべきだ。

穏やかに死ぬ過程はこんな感じである。徐々に食事が食べられなくなり、水分をとれなくなり、やがて尿が出なくなる。人間は通常尿が全く出なくなると二四—四八時間で心臓が止まる。もっとも私の経験では無尿になってから、約一週間生きた患者がいた。この患者は女性であった。女性は生物学的に強い。手術で多量の出血があっても、女性は全く平気でも男性は命からがら、ということがよくある。

とにかく、このように自然に体がものを欲することがなくなり、徐々に体は干からびて、自然に眠るように死ぬ準備をはじめて、最後に心臓が止まる。大往生ではないか。しかしながら、このような状態になる人はすでに何ヵ月が寝たきりの状態が続いており、呼びかけにもあまり反応がなく、時には少し反応して食事をとることもできるが、また、本人も他人も起きているのか寝ているのかよくわからないような状態が良くなったり、悪くなったりしていることが多い。

一〇一歳のおばあさんをみとったことがある。食事はほとんど取れなくなり、水分を一日何回か飲む程度の日が続いた。調子がいいと目を開けて外を見たり、柔らかいものを少し口に含んだりする。この老女のケアマネージャーが面会に行ったとき、息はしているが、一見死んでいるのか寝ているの、分からないように見えたので、思わず、「今何を考えて何がみえているのですか？　寝ているのですか？」と聞いてみたという。そうしたら、

「眠ってるんじゃなくて……何もないというか……呼んでくれたら聞こえるから応えられるから……」

といった感じで、途切れ途切れで話をしたとのこと。

ケアマネージャーいわく、最後のほうに何かおっしゃっ

てたけど、声になってなくて聞き取れませんでした。すーすー寝ているように見えても、声かけると時々返事が返ってきて、時々喋る事が出来ました、とのこと。つらい、怖い、悲しいなどの感情はなく、無の状態であったようだ。この方は数日後に大往生を遂げた。

辛気臭い話が続いたが、最近はこんなことを考え仕事をしている。しかし、死のことはあまり考えなくてもいい。考えてばかりいるとすぐ目の前にやってきてしまう。自分が死ぬことなど考えもしなかった若いころを思い出せばいい。死をすっかりわすれて、やりたいことをやって、能天気にすごすのもいい。はっと気が付いたら死んでいた、というのがいいかもしれない。

最後にこの同期生の本の刊行に尽力してくれた編集諸氏に感謝の言葉を述べたい。残された時間を楽しく過ごすために、最近は、篠田、遠藤、副島、郷古、東、佐藤（正）、渡辺（惣）、佐野、松本、江本、真崎、平岡などの諸氏に遊んでもらっている。中村（明）の音楽には癒されている。

娘へ

岡昭一

君は日本で生まれ、十五年間の月日を豊かな社会の中で過ごし、普通の日本人の少女に育ってくれました。その君が父親と同じように日本を飛び出して違う世界を見てみたいと自ら言い出した時には、若干の驚きと共に何か不思議な縁を感じざるを得ませんでした。君の父親の血縁は、曽祖父母を始めとして、祖父母から父親の私、そして君の叔母さんまで、皆日本生まれでありながら何故か人生の半分以上を外国で過ごしてきた人ばかりです。君の体に流れる血がきっとどうしても君を世界に連れ出したかったのでしょう。父親が大学二年生の時に日本を離れたよりもずっと早く、今年からは英国の高校に一人で通いだし、きっとこれから世界で生きて行くことになる君に私の経験から何か伝えられることがあればと思い、雑文に残すことにしました。

言葉について

コミュニケーション手段としての英語を自由に扱えるレベルというのは、英語で表現すると"fluent"ということになると思います。日本語にすると「流暢な英語」という意味になりますね。しかしながらfluentという表現の中には、外国人にしては言葉が滑らかに出て淀みないというニュアンスが含まれており、アメリカであればアメリカ人、英国であれば英国人の話す英語に対してfluentという表現は使いません。母国語という言葉がありますが、母国語としての英語のレベルを"native"と言います。アメリカに渡って暫くして、あるきっかけから私はnativeレベルで英語を使えるようになろうと決心しました。言葉はその言語を話す民族の文化です。私はコミュニケーションの手段としての英語ではなく、母国語としての英語を手に入れ、米国人の中に溶け込むことによって、米国とその文化を深く学んでみようと思ったのです。

一九七〇年代後半にロスアンゼルスの大学に通っていた私は、日系米国人心身障害者の更生施設でボランティアをしたのをきっかけに、米国生まれの日系人社会に惹かれていきました。日系人は日本からの移民が始まってから第二次世界大戦終戦までの約八〇年間、常に激しい人種差別に晒されてきた歴史を持っています。特に戦時中は全ての財産を不当に奪われ、強制収容所に収容されるという辛酸を舐めてきた人達を父母に持つ、日系人としての民族意識を強烈に放つかなり活動的な若者達の中に私は身を置いていました。日系人は自らの民族を象徴する日本文化には強烈なプライドを持っています。反面、歴史上人種差別の原因となった米国と対峙していた日本国、およびその言語である日本語には嫌悪感を持っていました。自らは米国人であり、その言語は英語であることを米国人としての共通項として受け入れている。ただし少数民族の多様な文化がアメリカの文化を作っているのだと認識されてきた時期でもあり、日系人としての存在の基軸となる日本文化には畏敬の念をもって接し、その存在意義を示す為にも常に日本文化の対外発信を怠らない。日本文化は好きだが、日本と日本語は嫌いだ。この明らかに屈折した情念を持った日系人社会に、私は非常に興味を持ちました。同様にその屈折率は異なっても、同じような自己矛盾を内包する多民族の集団国家としての米国を見つめていく為には、彼らサイドでの考え方、ものの見方を知らなければならない。それを実現するには、native レベルの英語力を手に入れ米国人の中に溶け込むしかないと始めたことでした。

実際私はその後再び米国で大学に通い出してから卒業するまで、実家で家族と話す時と、時折日本に帰国した時、それに四年生時に日本語教授の助手をした時を除いて、殆ど日本語を使うことはありませんでした。私が三年生になる頃には、親しい友人を除いて周りの学生は皆私の事を日系人だと思っていたようです。結果、ほぼ米国人に溶け込んだので日系人に限らず、いろいろな民族からなる米国人のものの考え方はよく理解できるようになりました。言葉よりもこの米国の文化的理解が、後になって私の大きなアセットとなりました。

コミュニケーションと自己主張について

世界で生きていく上で最も大事なことはしっかりしたコミュニケーション能力を持つことだと思います。コミュニケーションの基本は人の意見を聞き自分の意見を発信することです。日本人のコミュニケーション能力が欧米人に比べて劣るのではと言われることがよくあります。両極端の話になりますが、アメリカ人は結論を先に言い、対して日本人は結論を最後に言う傾向にあります。私は結論を最初からバーンとぶつけてくるアメリカ人のスタイルは好きではありませんし、日本人に限らずヨーロッパの人、あるいはアメリカ人に比較的近いと思われる英国人もこのスタイルはあまり好まないようです。アメリカ人が日本人との会話の中で話のポイントがどこにあるかよくわからないので困るということをよく聞きますが、これは会話の方向性によっては話のポイントあるいは結論をぼかすことが美徳であると考える、日本人独特の発信コミュニケーション・スタイルが原因していると思います。日本人がその長い歴史の中で醸成されてきた調和を重んずる文化を背景に、ストレートに意見を言わない事を美徳としているのは、日本人として大事にすべきことだと思っています。ただ話のポイントをぼかすだけならばいいのですが、日本人は往々にして自分の意見を明確に持っていないことがあります。これではコミュニケーションが成り立つはずがありません。

アメリカ人のコミュニケーションは自分の考え方、自分の意見をまず相手に伝え、相手からのフィードバックを聞いてから、双方の考え方、意見の相違を理解した上で、好き嫌いを含めて自らの主張を明確にしていきます。相手の意見が受け入れられない際に、"I understand your idea. But I do not like it!!" とまずはっきりさせるのがアメリカ人の常套句ですが、これが英国人であれば、"I do not appreciate your idea" とネチネチ議論を挑んでくるのが一般的のようです。これに対して日本人は往々にして、"I understand your idea." と一旦発言して後は黙ってしまい、意見の対立を際立たせるのを避けることがあります。これは相手を慮っての所謂空気を読むという行為なので、調和を大事にする日本人にはあたりまえの反応なのですが、このあたりが欧米人にとって日本人は何を考えているのかよく分からない、コミュニケーション下手だとのレッテルを貼られる原因になっているのだと思います。

私は若い頃から日本人にしてははっきり意見を言う珍しい人間として見られてきました。これは私が物事に対しての自らの考え方と意見を常にしっかり持ち、必要であればいつでも自らの意見を述べられるように準備しているからだと思っています。こういう私に育ててくれたのは青春期における武蔵の教育で、特に武蔵高校の三理想と呼ばれる教育目標の第三項、「自ら調べ自ら考える力ある人物」という方針に基づく先生方による指導のお蔭であるといつも深く感謝しています。この教育目標は「従来の暗記中心の『注入主義』的な教育に対し、『自分の頭で考える』ことをすすめるもの」であり、「教授とは人生に必要な一切の知識を与えることではなく、『よく自ら考へ、自ら判断し、最も適当の方法を取って行く』ための力を養うことが肝要」（全てWikipediaによる）という旧制武蔵高校初代教頭山本良吉先生の考えを表しているといいます。自分の意見を持つという事は自らの頭で考えるということであり、これは中一から高三まで六年間の武蔵における教育によって自然と刷り込まれた私の習性だと思います。

今君が英国の学校で受けている教育が、『自分の頭で考える』ことや、『よく自ら考へ、自ら判断し、最も適当の方法を取って行く』力を養うことに重点が置かれている事に君も気づいていると思いますが、父さんは正にこのことで君が英国の学校に行き本当に良かったと思っています。

自分の意見をしっかり持ち、日本人としての美徳を保ちながら、自分の意見と考え方を世界中の人に明確に伝えることができる人間になってください。

父の願い——世界の架け橋になれ!!

もう一度私が通った武蔵の教育目標の話になりますが、その教育三理想の第一項「東西文化融合のわが民族理想を遂行し得べき人物」と第二項「世界に雄飛するにたえる人物」についてです。これは前述の初代教頭山本良吉先生が一九二〇年から一年間行った欧米視察旅行の反省を踏まえたものであったようです。山本先生が一九三七年の創立一五周年座談会で三理想の第一項、第二項について次のように述べているのですが、大変興味深い内容なので以下に抜粋します：

あれは私の洋行の結果ですが、将来世界の文明が二つ現れるだらうと云ふのが私の考へであつた。一つは東洋文明と西洋文明が東の方を廻つて、日本で東西文明が新しい実を結ぶだらう。今一つは東洋文化が太平洋を渡つて、アメリカで以て違つた実を結ぶだらうと考へて帰つて来たものです。その考へが第一節に入つて居るのです。殊にその頃は日本文化なんて云ふ考へは、不思議な話だけれども社会全体に於て今と較べると余程薄かつたものです。矢張りまだ文明と云へば西洋の文明と云ふやうな考へが、日本には満ちて居たものです。これをどうしても壊さなくちやいかんと云ふ頭があつたものです。それで東西文化と言つたのですけれども実は西は付たりで、東の方を拡げなければならぬと云ふことがあつたのです。それから世界に雄飛する人間を作ると云ふ意味は、日本の文化、東洋の文化を世界にもつと拡げなくてはいかん。さう云ふ人間を作る必要があると云ふ意味です。

（すべてWikipediaによる）

かれこれ一〇〇年前の世界観に基づく教育目標ですが、現在にも全く当てはまることに驚かされます。山本先生は、（もっと丸い世界を作るには）日本やアジアの文化をどうしても世界に拡げなければいけない、そういうことができる人間を育てなければならないと主張されていました。

私が武蔵にいた四〇年前、この教育目標に沿った先生方の指導を日々実感していたわけでは決してありませんし、又学校も特別に国際人育成教育に力を入れていたわけでもありません。大学時代の私は、前述した米国人の世界に入り込もうと自分の日本人としてのアイデンティティを恣意的に消していましたが、同時に日系アメリカ人と時間を多く過ごすことにより彼らが持っていた日本文化に対するプライドが私に深く刻まれることになりました。社会人になってからは、逆に日本人として日本の文化や価値観を主張することに徹してきました。私は国際的なビジネスの世界で、長らく企業買収及び事業再生分野のアドバイザーをしてきましたが、外国人相手にいつも心掛けていることがあります。

それは彼我の文化的な違いと原則的なものの考え方の違いを正確に把握した上で、日本の文化や慣習に基づく日本人の考え方を明確に主張していくことです。相手の考え方も理解した上で自らの立場を主張するならば誤解を生じることは少ないですし、又"I understand your idea but I do not like it"や"I do not appreciate your idea"的な反応があっても、議論することで乗り越えることは可能です。私にそうさせているのは武蔵の教育の結果だと確信しています。

父さんは君が国際人として（日本と）世界の架け橋になるということはそんなに難しいことではないと思っていま

す。君が生きていく世界の中で、日本人として自ら考え、自ら確りした考えを発言し、自ら行動することそのものが、君に関係する世界の人たちに日本の文化や価値観を伝える結果になります。そして君の日本人としてのものの考え方や行動により周囲の共鳴が得られるならば、それは日本に対する理解と尊敬を生むことになります。国際人になるということは、日本人としてのアイデンティティを失うということでは決してありません。実は真逆で、日本人としての強烈なアイデンティティを保ちながら国際社会に日本人と日本の姿、考え方を発信していくのが真の日本発国際人の姿です。これからも「自分の頭で考える」、「よく自ら考へ、自ら判断し、最も適当の方法を取って行く」力をつけていけば、君も素晴らしい国際人になれます。父さんは君の英国での急速な成長を目の当たりにし、驚きと共に期待を持って君を見守っていきます。

娘よ頑張れ!!

新装した武蔵学園大講堂内部

「お父さんのノート」パート2

僕たちの巡礼の細道（"Our long and winding roads of pilgrimage"）

山川彰夫

中一時代に読んだ『君たちはどう生きるか』（吉野源三郎）を下敷きにして、君たち《マイドーターズ》に宛てた文章が載った同窓生仲間の本が出版されて一年余り。二〇一三年も色々有ったが気がついてみればもう暮れになった。東大の特任任期五年が終わるので、転職・準備の転換期《トランジション》で超忙しかったけれどね。いくつもの宛先・形式で「履歴書・業務経歴書《シーブイ》」を書いたのを見直すまでもなく、大卒後内科臨床やったり、大学院へ行きそのまま基礎研究に没頭したり、USAに行って戻ったり。多くの同期生が「第二の人生の出立＝現在進行形」なのとは違って、いつもながら《アズユージュアル》の「第N＋1回目の出立」だ。"A Rolling Stone catches no moss"という諺は両義的で、悪い意味と良い意味があるのだけれど、日本では石が苔むすのを尊ぶという「君が代」の歌の影響のせいか、動きすぎるのは悪ないし損というニュアンスが強そうだ。でも、さざれ石だって、路傍の石だって、僕みたいな医師だって、元首相も言ったようにそれは「人生いろいろ」、何でも考え方で善くも悪くもとれるはず。「万物は流れる《パンタライ》」という方が人生だけでなく社会や自然全部に通底する原理に近いのでは？とか開き直るとちょっと大風呂敷かな。

流れるといえば僕の遠い子供の頃の思い出だけど、目をさましたとき天井の木目の模様が海の波か潮風に吹かれて横へ横へと流されて行く船か何かに見えたのは前に話したっけ。そんな時、僕は自分が大海原を航海する船の冒険者か海賊か、それとも南洋へ行く旅路の船医さんか誰かに変身している夢をみていたようだ。それとも、うつつの白昼夢《デイドリーム》だったのかな。暖かい布団の中のこうした個人的な「夢見の儀式」の中で、僕は将来大きくなったらどこか遠いところへ旅や冒険をしたいと思う一方で、布団のぬくもりから薄ら寒い外の空間に出て行く億劫さも感じていたものだった。君たちにもこんな風な夢見や旅へのあこがれみたいな思い出はあるのかな？

芸術家の中には旅行をするのが好きで、旅行記を書いている人や、いつもとは違う「場所」を訪れることをきっかけに、作品をつくっていることは結構ある。

その一例に松尾芭蕉という人がいて、俳句というジャンルを確立した天才とされています。Haikuという英語バージョンは、字数は決まっていない短詞形式《ショートポエム》だけれども、季節や自然を短い詩に読み込むという形で、広く世界中に広まっているから、君たちも知っているよね。

僕も高校時代に『奥の細道』をはじめ、『笈の小文』等の紀行文を読んだ記憶がある。

二〇一一年三月の東北大震災があり、東北地方でも、何故か松島はあまり被害を受けずに居たという報道があったね。そのあと何度か芭蕉の文章を古文やドナルド・キーン英語訳で読みました。最初の文章が「月日は百代の過客にして、行き交う年もまた旅人なり。」(The Months and days are the travelers of eternity. The years that come and go are also voyagers. がキーン訳）読み返すとオリジナルでも、「月日」に太陰暦・太陽暦の違いを考えに入れるまでもなく多分、星と時間の二重の意味が入っていそう。人間に限らず、むしろ植物も含めた地球上の生物が、個体と種の自分たちのライフサイクルを、太陽や月などとの関係に同期させる事で「生存競争」を生き抜いて来ただろうことや、Haikuでも季語として大切な季節の変化だって、元は地球に大気がある事とそれに加えて、地軸が太陽面に対して微妙に傾いている偶然によるのだとか考えちゃったりする。Hitomi Juliaはこの間、ハイスクールで東北のボランティア活動に行ったけど、その内に家族みんなで松島や東北大に勤めていたお祖父さんの縁の東北地方や猪苗代湖に家族旅行をしようじゃないか。

そういえば、芭蕉さん（いつの間にか親近感が出て、思わずタメ口になってる）が『奥の細道』に旅立つ年一六九〇年は、西行という和歌の名人のお坊さんで芭蕉がとっても尊敬していて、やはり旅を人生にしていた人の死んだ年から五〇〇年目に合わせたらしい。『奥の細道』は芭蕉の最高傑作の一つで、江戸時代前期、元禄時代前後の町人や侍の新しい時代にフィットした創造的《イノベーティブ》なポエムと紀行文の複合文学形式を確立したと、後世の後智慧《セカンドゲス》から見ると総括されてしまうんだけども、実際の作者はつくる時に大変な苦労や心細い思いとかもあったに違いない。文学作品としての完成のために、最後まで草稿に手を入れて持ち歩いていたとかは、ダビンチのモナリザみたいだ。諸国観光案内や江戸幕府へのお世辞《リップサービス》とか入れながら、とりあえずは故郷伊賀上野のお兄さんに読んで貰う為に書いたものだとか。でも将来は多くの読者に、自分の意図とは別の読み方をされることも致し方ないけれどね。この年は伊勢神宮が二〇年ごとに「式年遷宮」で作り替える周期にお参りするのを合わせた旅行でもあるようだけれども。

「記念日」や「何周年記念」というのは、本質的な意味がないようにみえるが、あるイベントや歴史を記憶し、「言い伝え」として、コミュニティや他の人たち、続く世代に情報や意識のバトンを伝達して行くにはやはり意味があるはずだ。「サラダ記念日」とか、パーソナルにつくるのもまた良しかもね。その内に君たちやともだちと一緒に連句かHaiku @ Twitterとか、Instagramの写真にWakaやHaikuを付けてFacebookかGoogle+で歌会《ポエムパーティー》を公開するとかも面白そうじゃない？　何事もチャレンジと練習《プラクティス》が大事。

万葉集よりあとの時代、「歌枕を見る」という言葉・行為《アクション》があって、そういう歌人・詩人の伝統に乗っ取りながら、寺や神社、山や川、大きな石や木とか、和歌などの文学作品に書かれた場所だとか、源氏の義経や弁慶がバトルに活躍した平泉なんかの名所を巡って回る「巡礼」の歴史＝物語《イストワール》。「観光旅行」というのがなかったずっと昔から多くの人がやってきた事だ。もちろん記念の「場」を訪れるという文化や風習は日本人だけのものではない。キリスト教徒なら「どこにお出かけですか？《クオ・バディス》」と聞いたばかりにローマに行き、そこで殉教することになった十二使徒のペテロの墓の上のバチカンとか、ヤコブの遺骸が九世紀に発見されたサンティアゴ・デ・コンポステーラ、イスラム系ならメッカ、ユダヤ教なら「嘆きの壁」とか。最近だと広島・長崎の原爆投下場所、9・11記念のマンハッタンのGround Zeroとか。巡礼の場所って、どこもそういう特別な「場」やパワースポットだね。

俳句や和歌の中の季語はその情景の時点の四季を象徴する言葉なのだけれども、一方で臨床心理学のライフサイクル論では、人生を四季に喩えたりしています。D・J・レビンソンの『人生の四季』（一九七八）には、ライフサイクルの意味として、「出発点・誕生から終了点・死亡までの過程または旅」のパス全体、そして「一連の時期または段階に分けてとらえる季節としての意味」の二つをあげていて、人の寿命が長くなり、ライフサイクル、ライフパスとか、ワーク・ライフ・パス論とかが重要になった。以前はフロイトの影響などもあり、心理学領域も、幼児期や人生前半の自我形成を重視しすぎて来たが、中年期以降のトランジションの多様化や、疾病や障害を持ったり介護などを抱えるなど、個別の人生での複数のステップやフェーズが存在することへの問題意識の展開もあり、「生涯発達心理学」というのが広まった。二〇年くらい前の岩波新書のタイトルもあるけど、その本を手始めに勉強するのをお奨めします。そもそも僕たちは四次元宇宙に居るんだから、場所だけでなく、自分や誰かの人生や歴史のイベントの「四次元特異点」も巡礼し、日々の振り返りに役立てるのはとっても大切だと思う。今時は理論物理学上の「ポストHiggs粒子時代」だから、もしかしたら「五次元特異スポット詣で」というべきかもね。

　そういえば、今年も村上春樹はノーベル文学賞を取れなくて、彼氏の大ファンのママも僕も残念だったけど、今年のメイン作品は『色彩を持たない多崎つくると、彼の巡礼の年』という長い名前の小説でした。今後第二、第三部が出るのかも知れないが、最初のページからSuicideとか、パーソナル障害やＰＴＳＤ（ポストトラウマ症候群）とか、リストの『巡礼の日』とか出てくる。「巡礼の日」の作曲にはゲーテの『ヴィルヘルム・マイスターの修行時代』と『遍歴時代』の影響があるらしい。

　ゲーテ自身は『ファウスト』や『若きウェルテル』とかより、ニュートンに対抗した『色彩論』を自分の最高傑作だと思っていた。定かではないが、日光照射が精神に関係してるような双極性障害《バイポーラー》2型《ツー》か、失調型《スキゾタイパル》気質《パーソナリティ》かなにかのような狂気の大天才だったみたい。それはさておき、Google や Google Scholar の検索ウィンドウに「巨人の肩の上に立つ（Standing on the shoulders of Giants）」という標語があって、ニュートンが言ったとか、その前はシャルトルのベルナールだかが言った言葉。「現代の学問は多くの研究の蓄積の上に成り立つ」という意味だという。だけど、文学でも、むしろ人間の言語や文化、伝えられる知識や経験は、全てそんな今までの先人の多くの記憶や知恵の蓄積の上に、少しだけでも付け加えられるかどうかというのが、日々の僕らの営みの意味なのかも。文学だとパロディだったり、「本歌取り」だったりのよくある技法だけど。

　さて、九月お彼岸の前日に東大医科研での僕の最後の仕事というわけで、「夏目漱石の『こころ』出版から九九年目に、芸術・文学によるSuicide Preventionを目指すミニシンポジウム」という長ったらしい名前の会を企画・開催しました。第一セッション「夏目漱石と門人の病跡学」、第二セッション「うつ状態とSuicide Prevention～その傾向と対策」ということにしたが、言ってみれば僕の最終講義《ラスト・レクチャー》だったんだけどね。『こころ』というのは、高校の検定教科書に抜粋が載ったりして有名だが、Suicideや裏切り、ある時代の終わりと幾人かの個人の肉体の終焉、肉親との別れなど、複数のテーマが入った作品で、一九一四年という世界では第一次世界大戦が始まったちょうどその年に朝日新聞に発表され、今の大出版社になるきっかけとして岩波書店の第一号の出版物でロングセラーになったものだ。

　会には精神科医・産業医で同期の国立大学教授二人や、"Saving 10,000"という「日本の自殺とその対策」がテーマの映画を自主製作・ウェブ公開しているアイルランド人の監督さん、「あるやんごとなき方の主治医」としても高名な認知行動療法の第一人者や厚労省の担当者それにTEL（Tokyo《とうきょう》 English《えいご》 Life《いのちの》 Line《でんわ》）のディレクターという「多国籍多領域連合軍」の講師陣をお呼びして、僕も「産業医の目から漱石とともだちのワークライフバランスを振り返る」というレクチャーを致しました。

　今まで医科研グローバルCOEでやっていたセミナーシリーズと一緒で、まとめる事がこころ残りな宿題になっているから、また次の年以降「お父さんのノート」ネタとかも合わせて、自作ブログなんかで発信するかも知れませんけれども乞うご期待です。

　こういう会を医科研講堂で開催し、学内外に公開・開放して「お互いの学びと共育の場」、そして多様な人たちの「インタラクションの場《プラットフォーム》」をつくるという目的は同じだったが、そちらのシリーズもつながる隠れた意図もあったんだよ。Youtubeなどで今でも公開されて居て有名な、ランディ・パウシュ　カーネギーメロン大学教授の「最後の授業」は、膵がん転移で余命数ヵ月の彼氏が「子どもの頃の夢を実現するために《リアリィ　アチービング　ユア　チャイルドフッド　ドリームズ》」という題のとてもムービングなレクチャーで、最後のスライドは「本当は、この講義は会場の君達に向けたものじゃなくて、私の子ども達へ向けてのものなんだ」っていうのだ。俳諧でいう「付け句」というわけではないが、僕の最後の授業《マイラストレクチャー》は、「Suicideを考えている人たちやその家族や友人に、そのSuicideをpreventする為どうすれば良いか考えるのが今回のゴール。でも本当は、私の家族（妻や母や兄のも）

やそのまた家族・友人に聞いて欲しいし、捧げたい」と言うのが本音《シークレットパーパス》でした。君たちは忙しいからその場には来られなかったけど、こころ《ハート》がいつかどこかでつながってくれればそれで良い。世界のどこに行っても、スカイプやネットがあるし、メールや文章にしておけば、この「五次元世界」のうたかたにも残るはずだし、お互いのこころ《ソウル》同士はきっと伝わるよね。

村上春樹の本『恋しくて』の最後の「ザムザの恋」から、リツイートならぬ「再パロディ」して、「この世界は、私たちの新しい学びと熟慮と連携と実行を待っているのだ」というのを最後のスライドにしたけど、オリジナルのカフカ『変身』位はみんな読んだ事があったと思う。今後のライフパスでも、君たちがもし周りからおかしな転身（変身?）だと言われたとしても、自分で決めたミッションや幸せを追求するためのもので、家族や友達の少なくとも一部だけにでも理解して貰えるものならば、「万物も個人も風と共に流れる」のは良しとしたものだよ。お互いまだまだ生涯発達過程の長く曲がりくねった道《ロングアンドワインディングロード》を行く巡礼者同士なんだから。それじゃ、みんな元気で「道行き《ユアピルグリメージ》」を！「Whtaever you go, go with all your heart!」（言忠信、行篤敬。論語　衛霊公　第十五）

With Love and Big Hugs To You All. (^_^)《スマイルマーク》

画と文で綴るわが青春のスタートポイント

佐藤正章

人生も終盤に入って、もう一度自分を見直し、新たな出立について考えるというのが、今回の企画のようです。三十代・四十代の頃は、夢中になって職場で働き、子育てをして、あまり後ろを振り返ることはありませんでしたが、もう一度、思い返してみます。

六歳上の兄も武蔵という環境で育ち、小学校高学年から進学教室に通うことにあまり抵抗感を感じないまま武蔵を受験して、中学に入学し、高校に進学し、無事卒業しました。なんだか、するっと過ごしてしまった気がします。どんな事があったっけ？

今回の続刊に寄稿を求められたことを切掛けに、久しぶりに武蔵を訪問しました。

大学施設が拡張され、正門も変わっていましたが、大講堂（昭和三年竣工）の佇まいは、ほぼ、そのままでした。

ここで撮った中学の入学式の際の記念写真が手元に残っています。この時点でのクラスメートのほぼ全員は、恵まれた環境の中で育ち、大きな価値観の差異もなく、狭いレンジに収まる社会を形成していたことが、今さら感じられます。

旧校舎は、古いコの字型の校舎で、関東大震災後の復興期、大正一四年の竣工だそうです。

向かって右のウィングの一階に中一の教室がありました。下足のままなので、通用口は今でもほぼ、そのままです。上の階には高校の教室があり、大人と子供が一つの学校にいるといった感じでした。

中庭には大欅が鬱蒼とした空間を作っていました。また、小使室（用務員室）があり、昼の弁当の際に、大きな薬缶に入ったお茶を取りに行った記憶があります。

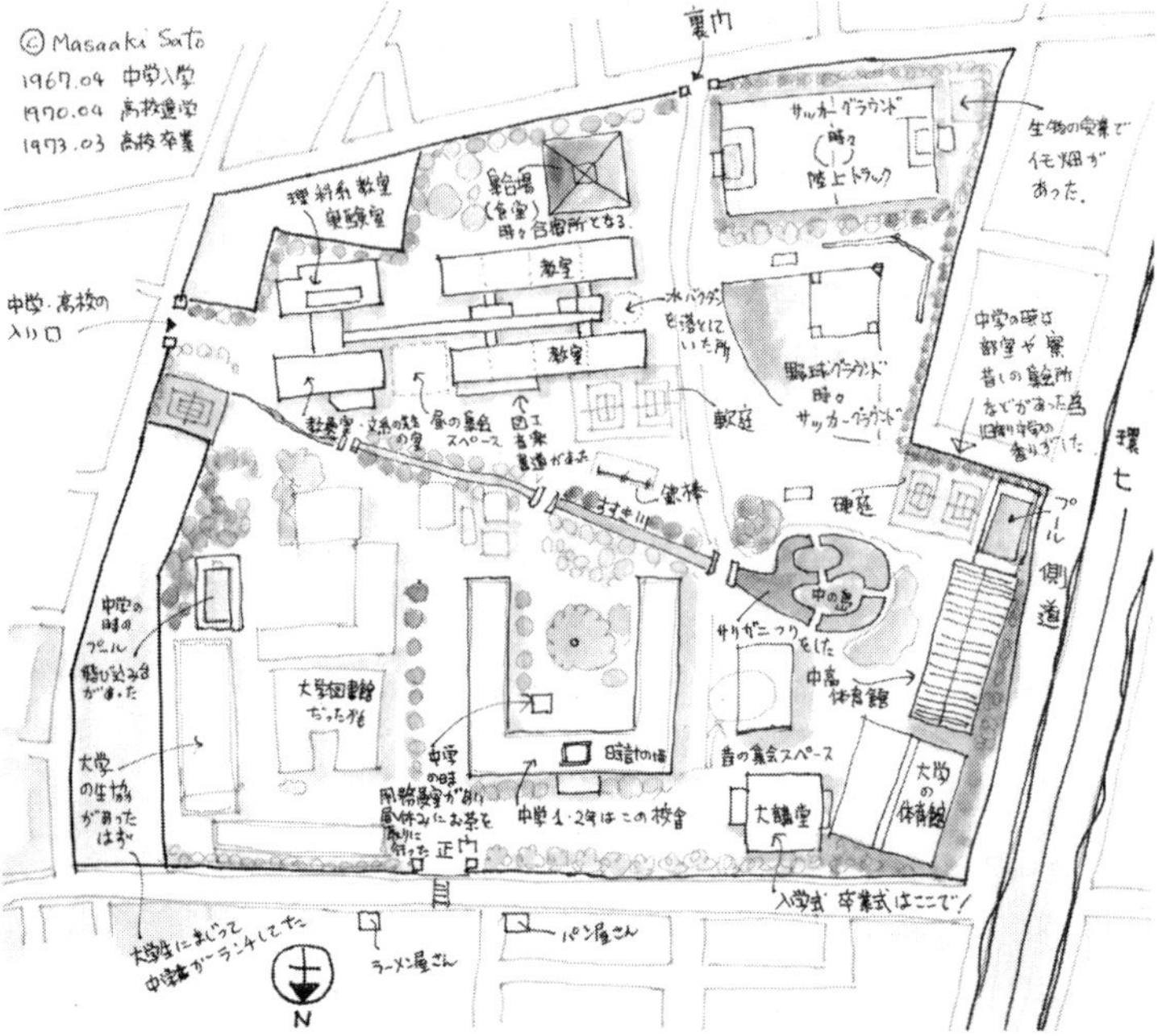

■当時の構内図（記念室で調べた内容＋記憶に頼っている部分もあります。）

■大講堂（２階に記念室ができました。）

■大学３号館の通用口（中１の時に登校していた通用口）

■すすき川方向から新校舎を望む。
（鉄棒のデザインに今更ながら感心）

現在の中高の体育館がある場所には、集会所（食堂）、学生寮、体育系の部室などがあり、旧制高校の香りが漂っていました。中一にとっては、悪の巣窟のオーラを感じました。この集会場は、中学時代、三時間目の後、早弁をして、昼休みにラーメン（当時三五円）を食べた場所という記憶が残っています。

新校舎が完成したのが中三の時、理科の実験室、教員室・文系の研究室、音楽・図工・書道の教室、中・高の普通教室、選択科目用の小教室などを立体の渡り廊下で繋ぐ斬新な校舎でした。設計は東大の内田先生、施工は清水建設だったと思います。

旧校舎から新校舎に変わった時代は、前著で紹介されているように、急激な社会の変化、教育環境の変化、先生と生徒の関係の変化があった時代でした。理系で体育会系（軟庭）でノンポリであった小生としては、時代が変わっていく姿を多少、第三者的に見ていました。（ちょっと反省しています。）

高校になり、一クラス分の生徒が増えました。編入生と言っていたような気がしますが、適切な表現ではないかもしれません。ぬくぬくと中学生活を送ってきた生徒と一味違う、多様なカルチャーを持つ編入生が、新しい刺激を新高校生に与えていたような気がします。

高校時代は、あっという間に過ぎてしまいます。高2の夏休みを過ぎると、受験モードに突入し、新たな大学生活のためのバネをためていた気がします。

恩師たち

前著でも描かれていますが、多彩な先生陣との出会いがありました。

●物理：二見先生：通称ゲタさん、物理は理科系の必須的科目。強気の性格を出していましたが、反撃に弱かった。

●数学：上田先生：通称Qさん、中一A組の担任でお世話になりました。優しい先生で、低学年担当。

●教頭：大坪先生：数学の先生ですが、教頭先生となり、結構ストレスがあった感じが…。

●校長：正田先生：著名な数学者でありながら、中一の道徳の時間を受け持つ。

●生物：百済先生：中一の担当の時、敷地の南西の角の畑でさつまいもを栽培して、でんぷんを抽出。最後に水あめを作った記憶があります。兄貴的な風貌、喧嘩強そう。

●世界史：真崎先生：軟式テニス部の顧問で、大変お世話になりました。穏やかな歴史研究者を体現。
●漢文：深津先生：日本に居ながら、諸葛孔明の世界で生きていました。完全に超越していたので、武蔵の全員が尊敬。
●英語：伊藤先生：高三の担任。生意気だった武蔵の高校生を多少持て余し気味に。
●数学：江頭先生：飯能方面から登山靴で通勤。独自のプリントで授業をしていた。
●日本史：城谷先生：破天荒系、「勝手にシロヤ」が口癖。はっきり物を言う。

●体育：高橋先生：通称ゴローちゃん、サッカーで遊んでいました。水球はきつかった。
●体育：下崎先生：体育を教わるというより、ほぼ、一緒に遊んでいました。
●英語：横井先生：通称ヨコトン。ボキャブラリーの蓄積で大変お世話になりました。
●英語：岩永先生：高校から軟式テニス部の顧問。硬派。
●数学：畑先生：大坪先生の前の教頭先生で貫録があり、ギョロ目で睨まれると怖かった。バスケット監督として有名。時間があると体育館で硬式テニスの壁打ちをしていた。黒板に背を向けたまま、チョークで二次関数の図を描くなどカッコ良かった。

他にもいっぱい、名物先生がいらっしゃったのですが、似顔にし易い方々を選びました。

決して、悪意を持って描いていません。気に障ったらごめんなさい。

その後、何をしてきたのか？

東大に無事入学し、建築学科の環境分野に進み、ゼネコンに就職し、ビルの空調設備の設計なども経験しましたが、どちらかと言うと、コンピューターオタク的な分野と省エネルギー、ＬＣＡ（ライフサイクルアセッスメント）などの分野に進みました。大学生活以降、私生活でも会社生活でも、長い時間ＰＣ画面に向き合っている生活を過ごしてきました。

大学時代は大型計算機、会社では、PC8001、PC8801、PC9801、Windows98、ＵＮＩＸのＨＰステーション、windows NT・XP・7など。家庭では、ＭＳＸで始まり、ＭＡＣのCLASSICに移行、ＬＣまで継続、その後windowsに移行しました。まあ、テレビコマーシャルで有名な、ＶＢＡ男子であり、パワポ部長であることは間違いありません。

しかし、トヨタ自動車の最高顧問、豊田英二氏の死去のニュースでも感じましたが、物づくりの本質は、コンピューターの中に無いのも事実です。熟年者としては、最新のＰＣによる技で驚かすのではなく、言葉を選んで、本当の思いを語れるようになりたいものです。コンピュータグラフィックやＣＡＤの世界から、味わい深い手描きのスケッチ・コンセプト図に、また戻っていきたいと考え始めています。

プライベートでは、絵日記、水彩の世界に一歩踏み出しています。今回の原稿のお題の一つである「第二の出立」に値するものであるかは定かではありませんが、自己宣言的には、水彩作家として今後持て余すことになると思う時間を埋めていきたいと考えています。

今回の原稿も、文章は半分ぐらいにして、残りはスケッチで誤魔化しました。

最後に再び、武蔵での生活を思い出していると、少し斜めに見るという小生の性格は、ひとえにあの時期に形成されたものという気がします。

まあ、長年かかって形作られた性格ですので、今後の第二の人生に向けても、仲良く付き合って行きたいと思いますし、皆様にもお付き合いをお願いしたいと思います。

先生へのアンケート

『僕らが育った時代　1967―1973』についての感想、武蔵や我々についての思い出、教育についてのお考え等、100~200字程度でお願いいたします。

「男子の本懐」

城谷　稔

一九五四年、敗戦の十二月、徳球の演説を聴いた。中学四年生だった。戦中の天皇制下の教育を受けてきた私にとっては、晴天の霹靂だった。野坂が帰国したのは四六年一月だ。徳球の全国遊説はなくなってしまった!!

『僕らが育った時代　1967―1973』に書かれている武蔵の教育を生かして、貴兄らが社会に出て、横のつながりを拡げていることに感動しています。小生、八十四歳の年男。老化が進んでいるけど、それなりに活動をつづけたい。

［一九六六―八七年在］

高橋伍郎

みなさんの還暦、おめでとうございます。私も今年で喜寿を迎えます。

思いおこせば、武蔵中学・高校の体育教師としてスタートしてから、五十五年間、体育・スポーツ・運動一途の生活を続けています。日本マスターズ水泳大会や世界大会に出場したり、水泳の初心者指導をしたりしています。

また冬には必ず志賀高原や蔵王温泉でスキーを楽しみます。このことで分かることは、つづけていると年齢とともに技術も勇気も進歩し、綬実していくということです。生涯学習です。

今年百歳の長岡三重子さんは八十歳から水泳を始めて世界記録を続出しています。私の手本です。

［一九六〇―八〇年在］

味八木徹

専門領域の立派な回顧録等もあり、興味深く読ませてもらいました。

武蔵の三理想の解釈に少し不備を感じましたが、武蔵の三理想も理解し易い文言にすべきと思います。

東西文化融合は、現代的視点もつ文言に替えるべきだし他にも気になる文言がありますが平和教育を考えるうえでも大切だと思います。

［一九六四―二〇〇四年在］

渡部芳紀

七十三歳になって、今の自分を作ったのは中学時代だったと実感している。武蔵では、逆に教師として二十五歳から三十三歳の八年間（専任は四年）中高生を教えた。ダイナミックな授業をしてほしいと言われて臨んだ。はたしてそれが果たせたのか。授業の代わりにサッカーやソフトボールもした。教室では、小さくなっている生徒がグランドでは生き生きしていた。良き生徒に恵まれたが、教師達もすばらしかった。我が人生で最も尊敬しているのは大坪先生である。先生の元で教員であったことは人生の幸せであった。

［一九六六―一九七四年在］

2013.09.15
Masaaki Sato

V　第二の出立

N君への手紙

有住一郎

N君へ。君と私は十二歳の時に初めて出会い、十八歳でいったん別れた。当時から君は批評家への道を目指し、私は芸術的表現を模索する少年だった。二人が別れてから既に四〇年以上の時が流れている。その長い不在の期間を一体どのように生きてきたのか、「総括」してみろ、と君が迫ってくれたことからこの物語は始まる。そんな極私的な個人史に果して意味があるのかは疑問だが、君と共に育った「あの時代」が、その後の人生を地下水脈のように流れ、今もなお流れ続けていることだけをこれから証してみたいと思う。こんな同期生もいることをどうか受け止めてくれたまえ。

東京を出て行こう、そう心に決めた。君と五年間を共に過ごした学園を追放になり、両親との同居生活も、もはや限界であった。親は高校中退生の私を何とかマトモな道に連れ戻そうと画策し、私はそういう価値観からさらに遠くへ跳ぼうとしていた。一九七〇年、十五歳でヒッピー文化に頭を張られて以来の当然の成り行きだった。アリバイづくりに定時制の四年に編入して暇ができた私は、これまで以上に日課のように新宿の街をさすらった。街が与えてくれるすべてが当時の私の学校だった。音楽、映画、演劇、舞踏などアンダーグラウンドの暗闇に入り浸り、週末には夜を徹して朝まで漂う快感も覚えた。そんな事がいつまでも続くはずもない。私はまだ何者でもなく何も始まってはいなかったが、何かが出来るはずだという過剰な自意識だけに突き動かされていた。東京渋谷に生まれ、新宿の街で育まれた自分の価値観を、一度ぶち壊して再構築しなければならない。そんな場所へ向かって旅立ちたかった。衝動的、直感的に選び取った地が大阪ディープサウス。親には、大学を受験して更生するという建前を口実にして、ひとり夜汽車に飛び乗った。一九七三年、十八歳の春であった。

南大阪の山の中に、全国から変人が集まる大学があり、論文と面接だけで映像学科に潜り込んだ私は、相変らず大阪ダウンタウンのネオンの海を彷徨っていた。街の空気や人との出会いから新しい何かを吸収するために。そして一気にのめりこんだのが演劇だった。間接的な映像表現よりも、より刹那的なナマの舞台の迫力と肉体的実感が私を魅了した。自らの劇団を旗揚げし、脚本、演出、制作、美術、音楽、役者と、やりたい放題、これまでの表現活動のすべてを舞台に吐き出した。しかし、いつしか資金稼ぎに身体を張った数々の仕事、アトラクション、サーカスの道化、関西ストリップ、ショーパブ、ファッションショー等の現実社会の現場の魅力に、より強く巻き込まれて行くのだった。ショービジネスで生きたいと考え始めた頃、高校に続いて大学も中退した。もはや人生の「中退ぐせ」というものなのかも知れない。

ショービジネスの国際拠点を求めて、ひとまずハリウッドに跳んだ。ユダヤ人ばかりのフィルム制作プロに潜入し、違法の観光ビザで日夜働いた。映像学科らしい仕事だ。週休で増えるギャラを手にし、つかの間のアメリカ暮らしを味わった。しかし無名の日本人の若僧に労働許可は下りない。計画は甘かった。やむなく一時撤退して帰国。全国放浪の末、再び大阪に舞い戻った。妻となる女と出会ったのは、そんな人生宙ぶらりんの頃である。印刷工場の製版職人などで喰いつなぎながら、改めて表現活動の再開を模索する日々、ある劇団主宰者から「お前は何で演劇をやってるんや?」と問われて絶句した。「自分を表現する為に」と素直に即答できなかったのだ。その日から私は舞台を去った。もはや魂が燃えるような情熱の炎は見つからなかった。ショービジネスもまずはビジネスからだ。かのアルチュール・ランボーが若き天才詩人からアフリカの商人に変身したように、私も大阪商人への修行の道に入ろう。商売の師匠は「やるなら黙って十年やってみろ!」と言い放ち、私はその言葉に従った。二十五歳になっていた。

大阪から埼玉、函館へと拠点を移動しながら、菓子食品の輸入、製造、卸売の世界に取り組んだ。もはや単身ではなく、妻や幼子と共に歩く旅だった。中小零細企業のオヤジの日常生活。地方企業の再生戦略とマーケティングが今や俺の専門だ、などと自惚れていた頃にバブルの波がやって来た。資金繰りで苛められていた銀行からも、大量の金が一気に流れ込んできた。その波に乗り、ある離島の未来を賭けたリゾート開発事業に奔走することになった。商売の道に入って、ちょうど約束の十年が経っていた。

リゾートやホテル事業は、ビジネスでありつつ、新たな表現の舞台でもあった。かつての芸術的表現活動、経営、マーケティング、地域再生、サービス等、これまで課題として培ってきた全てを集中して発揮できる。リゾート開発を「一点突破全面展開だ！」と確信して島に移り住んだ。ホテル学校の講師として学生に夢を語り実習指導も行った。そして嵐のように短く熱く燃えた開発人生の末に、一気にバブルは弾け、築いた夢は不良債権の山となって潰えた。すべてを喪失して身体ひとつで遁走した時には四十歳になろうとしていた。

また出直しだ。しかし今度は家族や巨額のローンなどの、待ったなしの現実を抱えての再出発だった。当時、倒れかけたホテルの再建請け負い人のような仕事依頼は幾つもあった。だが、バブルな世界を離れ、もう少し地に足をつけた仕事をやりたく、食品流通業に復帰することにし、スーパーマーケット、食品製造、外食、物流などを手掛ける在阪企業にワラジを脱いだ。過去の経営や倒産経験も生かして、外食部門の展開、店舗運営、経営企画、株式上場、人材派遣などを担当した十年間。もうこれ以上、組織の人間で在り続けることへの限界を感じ始めていた。商人の道を志してから、振り向けばもう二十五年にもなっていた。「もう企業人生はやめや！」と胆嚢摘出手術のベッドの上でそうつぶやいたときには五十歳を迎えようとしていた。そんな頃。

「新しい店を一軒やらないか？」という話が、かつての同僚から舞い込んだ。会社抜きで、自分の思いだけで、新しいサービスの舞台を創りたいと思った。資金を集めてのリゾート開発などは出来ないけれど、店と私とゲストの出会いが、一期一会のリゾートで在ることは可能だろう。そう直感して私の店暮らしが始まった。好きなワインと料理を提供するサービス人にひたすら徹すること。店の隣に楽屋のように小さな部屋を借り、家族とも離れて神戸に住み込んだ。朝から深夜まで寝る時以外は店で暮す日々。そんな単身生活も間もなく十年。気が付けば来年はついに六十歳を迎えようとしている。このままの延長でよいのか？ これ以上は縮小再生産の惰性ではないのか？ この店での十年ロングラン公演はもう千秋楽だ。そう心に決めたのは、この手紙を書き始める直前のことだ。またもや直感に突き動かされて安住を嫌う「中退ぐせ」が騒ぎ出したのか。より自由になり、もう一度だけ最後に、本気で自分の表現と向き合って生き、人生の終幕を迎えたい。そうだ！　もう時間はそれほど長くは残されてはいない。これからの表現活動とは、今も続けている音楽かも知れない、原点である美術か、ひょっとして舞台への復帰も？　今はまだ未知の世界に向かって、まるで十五歳の時のように六十歳から再び旅立つ。そんな夢のようなことを、いま私は本気で考えている。「何者かにならねばならない」という、若き日のような呪縛は、もはやない。ただ自分の感性に従い、小さな欲を離れ、自然の流れのままに生きたいだけだ。何をいまさら！と君は笑いとばすだろうか？

十五年ほど前から、仕事の傍ら家族ぐるみで、大阪釜ヶ崎地区の日雇い労働者、野宿者支援の活動に関らせて戴く機会を得た。その延長で、神戸では震災以来今もなお続く、炊き出し活動の公園の片隅で歌の演奏を続けている。「神戸越年歌声テント」という看板で、私にとってはギターや歌の世界への復帰の舞台になっている。二〇一三年九月三日夜、同期生達の友情が形となり、なんと四十年ぶりに、東京渋谷への出前公演の機会を与えて戴いた。神戸と同じように家族と共に歌いながら、まったくこんなけったいな男の人生に、これまでずっと付き合ってくれた妻や子供達には感謝の思いしかない。それは今もなお現在進行形ではあるが。

N君。我々が別れてから今日までの、四〇年以上の日々を駆け足で振り返ってみた。「総括」というよりは「懺悔」にしかなっていないかも知れないが、どうか受け取ってくれ。

さて、これからは本当の蛇足だ。我々がこれから迎えようとしている還暦とは、六〇年を周期として、ひとつが終り、また再生することなのだろう。ならばここらでもういっぺん生まれ変わってみようじゃないか。あと何年、これから始まる新しい人生が続くのかは神のみぞ知ることだが、人間の浅知恵で想像してみる。いろいろ不摂生な人生でもあり、身体にメスもたくさん入れた。早ければあと十年か？　よほど元気で二十年か？　まあ中をとって十五年と仮定してみようか。そうだ、これからもう一度十五歳まで生き直すのだ。あの旅立ちの年、一九七〇年の自分の歳まで。それまでの時間に何が出来るだろうか？

十五歳の俺よ、これからお前に会いに行く。どうか待っていて欲しい。そして一五年後、人生の旅がどうだったのかを話し合おう。そしたら俺は再びそこから旅立つだろう。今度はもう二度とこの地上には戻らない長い旅へと。その時はきっと笑顔で乾盃して別れよう。約束だ。

第二の出立

前田隆平

大きな変化のない人生、変化に富んだ人生、どちらを望むかは人それぞれであるが、どちらかと言えば後者を望んできた私にとって、今回の転機は恵まれたものであった。

二〇一三年秋、三十五年間勤務した国土交通省を退職した私は、翌年初、外務省に採用され、大使としてスイスに赴任することとなった。一般の人達から見れば、役人であることに変わりはなく、単に勤める役所が異なるだけではないかと思われがちであるが、これは私にとって劇的な変化であった。まず、仕事の相手が国内の関係者ではなく、スイス国及びスイス人であり、更に仕事の内容も、折衝ごとなどもさることながら、より重要なのは相手国との良好な関係の構築であるから、国内官庁出身でもめごとの処理などに忙殺されてきた私にとっては職務環境一変である。

幸いなことに、この国と日本との関係は従来から基本的に良好であった。経済案件について見ても、ＥＵ等との間でもめにもめているＥＰＡ（経済連携協定）はスイスとの間では四年前に締結され、その他社会保障協定、租税条約など主要なものは既に片付いていて、今や私の最重要業務はまさにこの国との友好関係増進である。偶々、二〇一四年は日本―スイス外交関係樹立一五〇周年であるため、そのための各種行事が計画されており、目下、このために多忙を極めている。

今、このような状況の下で、「東西文化融合のわが民族理想を遂行し得べき人物」という武蔵三理想の一つを懐かしく思い出すとともに、まさに現在自分はこれを目指さなくてはならないと痛感している。友好関係増進の基本は相互理解であり、文化の交流、融合はその最も有効な手段である。「日本は大好きです」と言ってくれるスイス人は多いが、日本のことを深く理解している人はごくわずかである。今、一五〇周年を機に、各種周年事業を用意して日本の文化を紹介しようとしているのも、とにかく日本を良く知ってもらわなくてはいけないと考えているからである。

かく言う私も、立場上、まずこの国を十分に理解しなくてはならないのであるが、これが容易ではない。日本とスイスには若干の共通点もあるが、相違点はそれをはるかに上回る。これは、両国に関する様々な背景事情が異なる以上、当然である。例えば、この国は一九世紀初に永世中立になってから孤高を保っている。欧州の真ん中に位置しながら非EUであり、これだけ多くの国際機関を誘致しながら、国連に加盟してまだ十年を少し超えただけというのもあまり知られていない。国の成り立ちも北部の三州がハプスブルク家の圧政に抵抗して盟約を結んだのが始まりで、その後、各州を順次統合して今の形となった関係で州の独立性が非常に強い。公用語も独語、仏語、伊語、ロマンシュ語と四つあり、それぞれの言語圏でメンタリティーも異なる。これらは私自身が気が付いたごくわずかな相違点の例であるが、このように全く異なる土壌の上に形成された独特な国民性、文化というものは、アジアの島国であり、人種、言語を始め、かなりの部分でホモジーニアスな日本に生まれ育った人間には理解が難しい。

好奇心が旺盛で、様々な知識を積極的に吸収しながら、それを自己の人生観、価値観の形成に役立てていく。これも武蔵の特徴の一つであったと思う。その意味からすれば、私が困難を感じつつ、この国を理解しようと頑張っているこの種の作業は、武蔵の連中にとっては、どちらかと言えば楽しい範疇に入るものなのかもしれない。そんなことを思いつつ、武蔵三理想が与えてくれた東西文化融合という命題のもと、私も今、楽しい努力を重ねていきたいと思っている。

「世界に雄飛するにたえる人物」、これも言わずと知れた武蔵三理想の一つである。在外生活をすることが即ち世界に雄飛していることには必ずしもならないと思うが、物理的に外国にいた時代に何を考え何をしたかは、この理想についての達成度を測る一つの指標になり得るかもしれない。

私の在外生活は今回が三度目である。一度目は米国の大学院留学の二年間、二度目はワシントンの大使館勤務の三年間である。ワシントンにいたのは今から二十年ほど前で、当時は日米経済摩擦が深刻だった。私の担当だった自動車や航空の分野も対立が厳しく、当該三年間は米側の突きつける制裁を何とか回避するというような、言わば「火消し」に徹したものだった。当然のことに、私の仕事は両国間の友好関係増進とはかけ離れたものであり、実際のところ、私の生活も仕事を楽しむという要素など全く欠いたものであった。

ただ、留学時代とあわせて五年米国にいた結果、アメリカの国民性や文化については多少理解できたと思っている。例えば、月並みなようだが、米国人は一般に明るくストレートである。協議などをしていてもごまかしが下手で、何を考えているかすぐに分かってしまう。ここは駆け引き上手なEUの役人などとは正反対である。日本ではこのようなアメリカ人の単純さを時として馬鹿にする向きもあるが、私はむしろこの点は好きである。そして米国という国及び米国人の性格についてある程度理解を深めていたことが、その後、米国との仕事、例えば航空自由化に関する合意の形成などに役立ったと思う。自分自身、米国と日本の文化の融合に寄与したとは到底思えないが、両国の関係の発展にはごくわずかばかりながら貢献できたのではないかと自己満足している。

「東西文化融合」は目標を明確にうたった理想ではあるが、「世界に雄飛」は雄飛して何をすべきかを具体的に示していない。私自身、二カ国しか経験していないが、在外では常に、この国で何をすべきか、この国との関係をどう考えるべきかを模索させられる。模索しつつ、迷いつつ、新たな道を見つけることによって成長があるということも武蔵の一つの教えであったように思うが、もしこの理想にそのような教えの側面があるのだとすれば、この年になってなお、私は武蔵の理想に基づく成長を求められていることになる。

役人になって権力の中枢で働く、これは当時の武蔵ではあまり評価されない生き方であった。役所に入って以降、実際には、権力の下で働いてきたという実感はなかったが、法律で与えられた権限を駆使して案件をさばいていくというタイプの仕事をする以上、公権力の行使という性格を帯びた仕事も中にはあったと思う。ところが、こちらに来てからの毎日は権力というものとは明確に一線を画したものとなる。

一つの理由は、仕事の中心が両国の友好親善に置かれていることであるが、もう一つの理由は、この国に権力の臭いが希薄なことである。大統領はいるが、七人の閣僚による完全な回り持ちで、閣僚としての在任の長い順番で就任し、一年の任期を終えると必ず交代する。国を代表しなくてはいけない場面では登場するが、他の国の大統領のように、強大な権限を持っているわけではない。七人の閣僚は五つの異なる政党から来ているが、このような内閣で、重要案件について常にコンセンサスが成り立つところが日本人には不思議である。有名なスイスの直接民主制も徹底していて、議会の議決が国民投票でひっくり返されることも度々ある。議会の会期は三週間、年四回と、日本に比べれば極端に短く、議員はほとんどが自分の職業を持っていて、会期の間だけ各州から首都ベルンにやってくる。公邸に食事など招待すると、身軽にバスに乗ってやってきて、食事中のノリも軽く、日本の国会議員とはおよそ雰囲気が違う。このような権力臭さのない社会に、今の自分は一種の心地良さを感じている。

役所に入ろうと思っていた頃、外交にも興味がない訳ではなかったが、政治に進む可能性もあるかと考えて最終的には国内官庁に決めた。その当時、私は外交というものを、日本の利害に基づいて対外折衝、調整を行い、国益を高めていくことに重点が置かれているものとしてとらえていたと記憶している。しかしながら、現在ここにいて、外交の本質はむしろ今自分が最も重要と考えて取り組んでいるものの中にあるように思う。最前線で、その国との関係全体のあり方を常に真剣に考えていく、ここには自分が過去長い間気づかないままに目指してきた仕事の一つの形があるような感じがする。

目の前に与えられた仕事でできるだけの成果を上げることに没頭し、その業績の積み重ねで地位なり時には権力なりを掌握し、更にその経験を社会への貢献に結びつけていく、それもひとつの生き方ではないかと思うが、それ以前に、個人にとっての極めて重要な命題は、長年にわたってトータルに何を身につけ、そしてそれを何にどう生かしていくかである。

この大使としての赴任は、そんな当たり前のことを改めて強く認識させてくれる、私にとっては極めて意義深い第二の出立である。

へそまがりの奨め

磯野彰彦

マイペース、一〇〇万人行けども我行かん、頑固、こびない、へつらわない、へそまがり……。みなさんが見る私のイメージとはかなり違うかもしれないが、自分ではこのような面があると勝手に思っている。そういう性格は武蔵時代に備わったのではないか。

『僕らが育った時代　1967－1973』では、「武蔵を出てなぜ新聞記者になったか」について書いた。今回は自分が歩んできたサラリーマン人生を振り返りたい。そして第二の人生も。自慢話のように読める点はご勘弁を。還暦を前に半生を振り返ってみたくなった。

就活はマスコミしか受けなかった。一九七八年、早稲田の四年生の一月に毎日新聞が三年ぶりの大卒採用試験を実施しなければ、今の私はなかったろう。福島支局を振り出しに、東京本社社会部で特捜検察を担当。経済部では大蔵省（現財務省）などを回り、バブルの頂点からデフレに転落する日本経済を追いかけた。政治部時代は三十八年にわたる自民党長期政権の末期を目の当たりにし、名古屋の編集責任者を経て、新聞社の将来を担うであろうデジタル部門を任され、そこで、インターネットの負の面を思い知らされた。在勤三十三年の最後は紙面の品質管理。いろいろなことを経験させてもらった。

入社十年目だったか、社内報の特集で社長の対談相手に選ばれた。もう一人は年次が一年下の運動部の女性記者。社会部は何を言うかわからない、社長直系の政治部は避けたい、そんな思惑もあったのだろう。ともかく中堅記者の〝代表〟になった。大きなホームランはかっとばさないが、そこそこできる記者。そういう評価だった。

入社十八年目で労働組合の本部委員長をやった。活動家だったわけではない。委員長は東京本社の政治、経済、社会、整理の各部の持ち回りポストで、その時、対象者は二、三人しかいなかった。誰も引き受けないなら自分がやるしかない。

組合時代はやんちゃもした。会社がつくった中期計画に「三年後のボーナス三けた（一〇〇万円）」の付属文書があることを知り、会社側にはもちろん、組合の仲間にも根回しをせず、社長交渉の場でそういう数字があるかといきなり尋ねた。否定しなかったので、即座に交渉を打ち切り、「社長、三年後の三けたを公約」という大見出しの本部ニュースを流した。この数字はいまだに実現していないが、一年の在任期間中、「経営監視」を掲げ、「ものを言う組合」を目指した。

労組主催のシンポジウムや機関紙の発行にも力を入れ、記者クラブ問題や、官報接待（役所による報道機関に対する接待）、署名記事の多用化などを取り上げた。外部からの批判に耳を傾けないメディアは信用されないと思ったからだ。

大阪本社経済部長はわずか九ヵ月でお役御免となり、中部（名古屋）本社編集制作総務（局次長職。対外的には「編集局長」）に引っ張られた。当時、愛・地球博の開催や中部国際空港の開港が迫り、トヨタ自動車は日本を代表する企業になっていた。「万博は環境を破壊する」という見方もある中で、バランスの取れた紙面をつくれということだったのではないか。実際には、万博直前の一面連載企画の見出しに「トヨタの見本市」とつけ、広告部門から文句を言われたりもしたのだが。

中部本社時代、「上昇気流なごや」というブログを始めた。実名を出し、顔写真も載せた。コメント欄に寄せられた質問、意見にはできる限り丁寧に応じた。ある全国紙の再販・宅配制度に関する世論調査を取り上げた時には、「その新聞社を批判した内容だ。編集幹部としていかがなものか」と東京本社の逆鱗に触れ、東京本社編集局次長への内示が一時凍結された。

東京本社に戻り、しばらくはブログを自粛したが、しばらくして「竹橋発」という名前で再開した（竹橋は毎日新聞東京本社がある地下鉄東西線の駅名）。読者からのコメントに対し「私は毎日新聞のスポークスマンではありませんが、お答えできる範囲でお答えします。ただし、個人的意見です」などと、今思えば冷や汗ものの対応をしていた。広告と紙面の連携についても書き、「お前の仕事はいい紙面を作ることなのに、やりすぎだ」と社内から指摘を受けたこともある。

編集局次長を一年半務めたあと、デジタルメディア局行きを命じられた。毎日新聞のウェブニュースを担当し、電子媒体でどのように稼ぐかを考える部隊である。古巣の編集局からは「なぜ紙の読者には有料で配り、ネットの読者には無料でニュースを流すのか」と言われ、上からは「インターネットの売り上げを収益の柱にするビジネスモデルを作れ」と尻をたたかれた。本紙で力を入れるキャンペーンよりも、芸能人の短信のほうが何千倍ものPV（ページビュー＝アクセス数）を稼ぐのがニュースサイトの現実。毎日新聞が進むべき道について聞かれれば、「紙も、ネットも」と口癖のように答えていた。

二〇〇八年六月二〇日。忘れられない出来事が起きる。

J－CASTニュースというインターネット専門のニュース提供会社が「毎日新聞英語版サイト『変態ニュース』を世界発信」という見出しの記事を自社サイトに掲載した。このニュースは同時にヤフーニュースにも掲載され、多くのネットユーザーが目にする「ヤフートピックス」のトップに置かれた。

私が当事者でなければ、「これほどキャッチ―な（ネットユーザーの関心を集める）見出しはない」と感服しただろう。毎日新聞は一九二二年四月、日本の英字紙としては最も古い部類に入る「Ｍａｉｎｉｃｈｉ Ｄａｉｌｙ Ｎｅｗｓ」を創刊した。その後、紙媒体では収益が上がらず、二〇〇一年三月に電子媒体での発行に切り替えた。それがデジタルメディア局の一部門だった。

問題になったのは「ＷａｉＷａｉ」（ワイワイ）というコラムで、日本国内で発行されている雑誌の記事を、その出典を明らかにしたうえで英訳して載せた。そこで取り上げた記事の中に、性的なもの、あるいは不適切なものが多く含まれていた。「毎日新聞ともあろうものがなぜそのような内容の記事を英語にし、全世界から見られるようにしたのか」。そういう批判だった。加えて、元記事を使用することの許諾を得ておらず、著作権侵害に当たる疑いが濃厚だった。

ヤフートピックスに載ったのは金曜の夜のことで、あっという間に「炎上」した。毎日新聞には連日、お叱りの電話が寄せられ、毎日新聞に広告を出稿しているスポンサーにも「なぜ広告を出すのか」との問い合わせが殺到した。非は毎日新聞、特に英文編集部と同部が属するデジタルメディア局にある。私は局次長（その後、局長）として責任があり、役職停止一ヵ月の処分を受けた。今でもインターネットで私の名前を検索すれば、当時のことがたくさん出てくる。いったんネットに載ると、その内容が消えることはない。

約一年間はこの問題の対応に追われ、新しい戦略を展開することができなかった。発覚直後、紙面でどのように釈明するかについて、会社のトップと意見がぶつかった。私は自分の意見を言い、「君には幹部としての自覚がない」と言われた。一年たって、局長職を更迭されるとわかった時に、進退伺いと退職願を提出した。業務を停滞させたことに対する責任に加えて、この会社に自分の居場所はもうない、と考えた。

しかし、直属の上司に慰留され、その後一年九カ月、毎日新聞の紙面審査委員長、新聞研究本部長、「開かれた新聞」委員会事務局長を務めた。編集の現場を離れ、紙面の品質を維持するための仕事だった。

二〇一一年春、東日本大震災の半月余り後、五十六歳で毎日新聞を選択定年退職した。転職先は何度か声をかけてもらっていた昭和女子大。かつての上司がそこで常務理事をしており、仕事を手伝ってくれと言われた。お座敷がかかれば、断る理由はない。ポストは、学生の就職支援をするキャリア支援センターの副センター長。将来は授業も持たせてくれるという。理事長、学長面接を受け、採用してもらった。

六十五歳までは働かせてくれるそうだ。現在、五十九歳だから、五年ちょっとある。日常の仕事の大半は就職相談。併せて、就職率を上げることが求められる。私立大学が生き残るには「就職の面倒見が良い」ことも大きなポイントだ。二〇一三年新設のグローバルビジネス学部ビジネスデザイン学科では特命教授の肩書も与えられた。「就職課のおっさん」をやりながら、メディアリテラシーとは何かや経済についての講義も行っている。

最近、ビジネスデザイン学科のホームページの「教員メッセージ」欄に以下のような原稿を書いた。タイトルは「自ら調べ、自ら考える」。少々長いが、その文面を紹介し、「第二の出立」の決意表明に替えたい。

「自ら調べ、自ら考える」

実はこれ、私が卒業した中高一貫校の「三理想」の一つです。「自ら調べ、自ら考える力ある人物」を理想像として掲げ、私の頭の中にはこのフレーズが刷り込まれています。「自分から主体的に取り組まなければ、何も身に付きませんよ」。「人に言われてやるという受け身の姿勢ではだめですよ」。そういうことです。この新しい学部はみなさんが自らかかわり、創っていくのです。グローバルって何ですか。ビジネスデザインって何ですか。過去の理論や学問も大事です。でも、既成概念にとらわれず、自由な発想で描いてください。可能性は無限に広がっています。高校までの殻を破ってください。私たちはそのお手伝いをします。企業で働く人たちと一緒に取り組むビジネス研究もあります。世の中には優れた才能を持つ人たちがたくさんいます。そういう人たちに会いに行きましょう。学問はこういうものだと決めつけないで。いま、目の前で起きていることを貪欲に学んで、吸収して、自分のものにしてください。やろうと思えば何でもやれます。私は長い間、新聞記者をしていました。自分が疑問に思ったこと、知りたいと思ったことは、いろいろな分野の人に会いに行き、取材し、記事にしました。みなさんもそれと同じことができるのです。若いうちはやりすぎるということはありません。さあ、一緒に面白いことをやりましょう。

四〇年の後に

浅尾茂人

アイルランド共和国の首都ダブリンから北西へ約二〇〇キロ、ドネゴールの街は大西洋に面しているとは言うものの、そのリアス式地形がもたらした深く入り込んだ湾の奥に位置して穏やかな港町になっており、その昔はアメリカやカナダへ向けて大西洋を超えていかざるを得なくなった人々の最後の故郷の地として哀しい別離の物語を数多く生んだ街でもある。

僕は二〇〇九年にこの地を訪れ、アイルランドに根付く彼らの文化にどっぷり嵌り込んでしまった。それは自分の国を愛しながらも生まれ故郷を捨てて遠い異国へ流浪していく人たちが持つ、絶対に忘れることができない心の奥底に潜む陰のような感覚に似て、同じく故郷を一旦は離れたものの再び舞い戻った者として共感を覚えたからかもしれない。街角のうらぶれたパブでギネスビールを飲みながらアイルランド人達が親子代々継いできた音楽の演奏を聴き、彼らの伝統文化継承の努力に敬服しつつ、僕は自分自身が戻るべき場所が何処であるかという事と、これから自分がどう生きるべきかということをはっきりと自覚したのだった。

二〇一二年の六月末に僕は永年の会社勤めに終止符を打った。定年の六十歳まで三年残してはいたが、雇われの会社でやりたいと思う仕事は全て遣り尽くしてしまい、さらなる目標がなくなってしまったのでサヨナラする事にしたのだ。三十五年にわたり銀行でコンピュータシステムの開発に携わってきたのだが、プログラマーから始まりシステムエンジニアやプロジェクトリーダーを経験し、最後の十年は金融システム開発会社の経営を指揮した。その三十五年間はまさしく日本の金融機関のＩＴ（インフォメーション・テクノロジー）活用の歴史そのものといった時代だった。

振り返れば武蔵中の入学試験で四進法だか八進法の問題が出て、僕はその時はチンプンカンプンで解けなかった記憶があるが、その後高校の頃には二進数のスイッチング回路を作って遊んでいたし、大学の頃はＬＳＩが安く出回りだして、ＬＥＤなどの部品を秋葉原で買い求めてデジタル時計を製作したのも楽しい思い出だ。

大学では計量経済学を専攻したので、ユニバックという当時はかなり優れた米国製のコンピュータを使って経済分析をしたのが大型コンピュータとの付き合いの始まりだった。ゼミの指導教授が経済企画庁の依頼を受けていたので、各種経済指標の予測や経済モデル理論を使った景気予測とかも手伝った。

いくつかの銀行からも所属ゼミで種々雑多な経済分析の依頼を請けていたので、就職先も「銀行にでも行くか」という軽い感覚で会社訪問をしていた。しかし銀行の下請け仕事が結構忙しくて就職活動を自由にできず四苦八苦したのに、その銀行からは就職内定をもらえなかった苦い経験がある。結局、面識のなかった関西系の大手銀行に就職が決まったのだが、そこはなかなか厄介な銀行だった。

当時の大銀行の体質は戦前の軍隊というか大学の体育会みたいな空気が多分にあった。新入行員は全員独身寮に強制的に入寮させられ、先輩から企業忠誠心を徹底的に叩き込まれるのだ。当時の人事教育方針では、どんなに自宅から職場まで近くても結婚するまでは独身寮に入れておくというものだった。最近のテレビで「半沢直樹」という銀行員が主人公のドラマが流行っているが、一部誇張されているところはあるものの、民間銀行の実態はほぼそこで描かれているようなものである。このような個人の自由な人間性を否定する銀行の人事方針は、武蔵の教育を六年間受けた者にとっては耐え難いことであった。

幸い、ＩＴ部門は銀行の中での唯一の製造部門というだけあって合理的判断力の持ち主が集うところで、職場は談論風発で中央集権的な大銀行の人事部方針に反発する者も多く、銀行の中では自由気ままに仕事ができる部門なのが救いだった。ＩＴは日進月歩の勢いで技術革新が進み、その技術を利用した業務変革も驚異的なスピードだったので、古い考え方や方法論では解決策がなく、役所のような先例主義では企業間競争から脱落するので、まさしく「自ら調べ、自ら考え、自ら実践する」しかなかったというのが本当のところだった。

銀行のシステム開発は刺激的で面白い仕事ではあったが、年齢とともに上級管理職となり経営にも参画するようになると次第に自分の人生観が変わってくるのに気付いた。会社勤めは一種阿片窟みたいなもので、長く続けていると次第に会社の仕事をする事や業績を上げる事だけが人生の目標になり、次から次へと新しい仕事を作ってしまう、そんな悪循環の罠に嵌り込んでいたのだ。ところが一九九五年の阪神大震災の最中に何か間違っているという感覚が芽生え、五十歳を迎える頃には確信へと変わったのだが、それは残された半生は自分に身近なものや大切なもの、若い頃にやり残した事に費やすべきだが、実はそのために僕に残された時間はそう長くはないという事であった。

浅尾家は代々西宮の地の庄屋であったが、江戸時代には西宮神社（通称：えべっさん）の門前で本陣を営んでいた。しかし明治の訪れとともに本陣は失業、やむなく元の庄屋業つまり地主に戻ったが戦後の農地改革で大部分の土地を没収されて再び行き詰まり、親類縁者の伝で酒造業に携わったが、昭和四〇年の不況でその事業からも撤退し、僕が子供の頃は残された資産で細々と食いつないでいる有様だった。

六甲山麓に築後八〇年の古い日本家屋があるものの住むにはあまりに不便である。会社勤めをそのまま続けて老後は年金とその古い家を処分すれば衣食住に困ることはなかろうが、しかし先祖が苦労して建てた屋敷を自分の代で食い扶持のために潰してしまうのは如何にももったいない。他に活用する手はないかと調べたところ、この地域は建築基準法の規制が厳しく商業行為や工業行為は禁止されており、博物館のような文化事業のみが可能である事が判明した。そこでとりあえず伝統文化の継承のための研究施設のようなものとして活用する方針を立てた。

さて、方針は立てたものの具体的に何をするのかが次の大きな課題となったが、皆目見当がつかない。そこで会社勤めの合間の休暇を利用し、国内や海外の伝統文化継承活動を見学に彼方此方に出かけて行くなかで見つけたのが、冒頭のアイルランドの田舎町での風景だった。

アイルランドという国はご承知のとおり、ケルトという独自の伝統文化を持ちながら長年英国の統治下に置かれ、自分たちの伝統文化を否定させられ続けた歴史を持つ。本来の民族言語であるゲール語から英語への強制変更や伝統スポーツや音楽、ダンスの禁止などの厳しい植民地政策は枚挙に暇がない。ＩＲＡによる紛争は英国領である北アイルランドにとどまらず英国内での数々のテロ事件の報道からでも、その悲惨さを窺い知る事ができよう。

二〇〇九年といえばまだＩＲＡと英国の暫定和平合意から一〇年ほどしか経っておらず、特に北アイルランドのベルファストなどの都会には英国や英国を支持する同胞達との激しい闘争の生々しい爪痕が残っていた。その反面、地方に行けば羊達が牧草を食む長閑な田園とそこで自然に密着した生計を営み、遠い東洋からの旅行者を親切に迎え入れてくれる人たちがいた。そして彼らが最も愛するパブと生活に同化した民族音楽という伝統文化、このギャップに驚かずには得られなかった。

何十年も前の佇まいを残すそのパブでは、近所に住む親子三世代の六人家族がフィドルやボタンアコーディオン、フルートといった夫々の楽器で先祖あるいは地域に伝わる音楽を演奏していた。その周りには同じ地元の顔見知り達がギネスを飲みながら集い、明るいダンス曲の時にはリズムに合わせてステップを踏み、ゆったりとした静かな叙情歌の時には自然の流れを全身で感じながら物思いに耽っている。酒が進むと英国を罵る闘争歌を怒鳴るような大声で合唱したりもする。その演奏を聴いていると英国から世界に発信された音楽、ビートルズやストーンズ、クリーム、ツェッペリンなどのルーツの重要な一部分を発見した気分になるとともに、学生時代にのめり込みながらも実態を知るには至らなかった英国伝統音楽の原点もそこにあることに気付かされた。

今日、僕はアイルランドやスコットランドに伝わるケルト音楽に軸足を置きつつ、世界の伝統音楽の拠点を西宮の古い日本家屋で実現できないかと模索し、少しずつ歩みだしたところである。一足飛びに地方都市の西宮での実現は難しいので数年前大阪市内にその動向を知るための拠点を作って活動を続けてきたが、昨年からは西宮でも年に二回くらいのペースでイベントを始めた。

その対象とする音楽は大きなホールなどで取り上げられるパフォーマンスがメインのものではなく、普通の生活をしている人々の日常生活に根ざした音楽で、パブで毎週末地元の音楽好きが顔見知りの酔っ払い相手に演奏している伝統音楽である。まだまだ取り組み始めたところで試行錯誤の状態ではあるが、これをライフワークとして行きたいと思っている。

見えない世界へ

中村明一

1　武蔵中学・高校のころ

あたかも深海から上ってきて、水面に顔を出した魚のようだった。武蔵で見るものは全てが珍しく、興味深いものだった。木々の間を縫うランニングコース、教師が指し示した参考図書、友人が示唆した音楽、映画、本、サッカー。あらゆるものに飛びついていった。

しかし、何を見ていたのだろう。何かを求めて必死になっていた気がする。授業でも、膨大な参考図書を含め多くのことを教えられた。それは、はっきりした骨格と言うより、その骨格の中に有るもう一つの世界だった。そして私が求めていたものも、第一次の階層の表皮を捲った奥にひっそりと潜む、目に見えないもの、計量化しがたいものだったような気がする。

この時代では、大衆が様々な面で余裕を持ち始め、その力、感覚をそれまでには感知されなかった見えない世界へ向けて行った。科学の面では量子的、宇宙的な考え方。現在の私の専門で言えば倍音、身体性であり、無意識の領域である。

私は片足を音楽に、そしてもう一つの足を大学に向けた。

2　大学時代

大学では、量子化学を専攻した。学問の方面では「励起三重項状態のトンネル効果」という非常に面白いテーマに出会った。

しかし、それとほぼ同じ頃、音楽との劇的な出会いがあった。武満徹の『ノヴェンバー・ステップス』だった。尺八、琵琶、オーケストラによる画期的な曲だった。尺八の素晴らしさに驚き、その演奏家に弟子にしてもらった。

伝統的な虚無僧音楽と現代音楽について教えを受けた。

大学を卒業し、化学会社で高分子材料の研究を始めた。しかし会社というものの存在に疑問を感じ始めた。会社は、人々が必要とする、しないに関わらず物を作り続けなければならない存在ということである。物とは、第一次の階層に厳然と存在する明らかなものだ。それを作るということは、この世界の空間を占有し、汚染しているということでもある。

それに対して音楽は、基本的に空気を振動させているだけであるが、人間の世界に、心に大きな影響を及ぼす。音楽に引かれて行き、会社を辞め、プロになった。

そんな時、東京キッドブラザースからNYへ行かないかという電話があった。夢のような話で、柴田恭平などが出演するロック・ミュージカルで演奏しないかということだった。

ブロードウェイ、ワシントンD.C.のケネディーセンター、全米ツアーで合計六ヵ月という大プロジェクトだった。多くの人と出会い、世界が大きく開けて行った。特に私にとって大きな出来事であったのは、『ヘアー』や『ジーザスクライスト・スーパースター』のプロデューサーのトム・ホーガンが観に来て、演出家の東由多加に「あの後ろで吹いている尺八がとても良いから、前でソロを吹かせろ」と言ってくれたことだった。そのお陰でNYタイムス、ニューズデイなど新聞にも「Virtuosic skill」、「Magical Shakuhachi」と取り上げられ、作曲演奏の依頼もNYから来るようになった。

LAでは当代一のプロデューサー、ビル・グレアムのプロデュースで公演を行い、非常に気に入ってもらった。『タワー・オブ・パワー』のコンサートに招待され、メンバーのジェリー・ヘイ達と歓談したのも良い思い出である。

この仕事を通して、日本、アメリカの優れた音楽家と仕事をするようになった。そこで痛感したのは、一流の音楽家達と自分を比較すると、音楽的知識の中で欠けている部分が多いということだった。そして、日本の優れた音楽を蘇らせたいという気持ちも強くなって行った。それには、作曲と即興だと思った。世界を見回してみると、作曲は西洋のクラシックから現代音楽に通じるものが最高であると思われ、また、即興ではジャズのものが最も進んでいると思われた。

そこで探してみると、アメリカのバークリー音楽院であれば、その両方が学べることが判った。カタログを見ると、ベートーベン、バルトーク、ジョン・レノン、マイルス・

デイビス、パット・メセニーなどについての講座もあった。しかし、当時は円が安く、一ドル、二百円台後半であった。そこで、ロックフェラーに掛け合い、学校の奨学金にも申し込んだ。幸運にも両方とも得られることになり、バークリーに進学することになった。

ところが大きな問題が起った。バークリーはジャズの大学であるため、専攻が何であれ、楽器を選び、その楽器で、演奏法、即興法の実践を学ぶのである。個人レッスンの担当教官には、「俺はビバップやっているんだ、そんな楽器には教えることができない、日本へ帰れ」と言われる。なんとか教えてほしい旨を伝えると、木管楽器科の科長が許可すれば教えてもらえることになった。

その科長が、「俺の伴奏で即興ができたら、入れてやる」と言う。できなければ、日本に帰らなければならないんだなと思うと力が湧いて来た。理論を理解していることを判ってもらうために非和声音を多く入れて吹いた。二、三コーラスやって科長が担当教官に言った。「文句ない、君が教えなさい」。基本の命題さえクリアーしていれば微細な部分には全く拘らないアメリカの懐の深さを感じた。

こうして私のバークリーでの生活が始まった。

当時ですらも、日本はアメリカに追いついた、同等なんだという意識が私たちの中にあった。しかし、アメリカで生活し、学んでいくうちにアメリカの凄さに気付いて行った。私の専門、作曲では「対位法」というものがある。これは、二つ以上の旋律を書く為の法則をまとめたものであるが、数学的ではあるものの、例外が多く、その上旋律の数が増えると更に例外が増え、複雑極まりない。

日本ではこれを専門にしている作曲家はほとんどいない。私は、日本でこの対位法を少し学んでいたが、非常に困難であった。本も三、四冊しか出ていない。信頼できるものは芸大が出している一冊だけであり、その上、範囲は非常に限定されている。日本での習得は不可能に思えた。

だが、アメリカで手に入るものは四、五百冊、その上、当時バークリーの図書館には、例外を含む全てのパターンを大型コンピューターで打ち出した膨大なチャートが有った。畳半分位の紙で、厚さは膝くらいまでだった。ある旋律を書いたら、このチャートを辞書のように引けば、可能性のある旋律は、全て見ることができるのである。

これを使えば、作曲家は全ての可能性を鑑みながら作曲できる。習得に何年もかかる対位法も、このチャートにより誰でも使うことができるのだ。見える部分は記号化し、徹底して分析するアメリカ人の凄さ。

そんな折、小澤征爾さんに招待されて、マウリツィオ・ポリーニとボストン・フィルのリハーサルを見せてもらった。五秒ほど進むと毎回ポリーニが、「バイオリンの後ろから二番目当たり1/6音高い」、「バスーン、少し遅い」など難癖を付けてストップ。結局、曲の1/10も進まず、本番突入。本番後小沢さんに「何故好きに言わせておくのですか」と聞くと、「あいつの言っていることは全部正しいんだ。普通の人が聞けないものを聴いている」。

その後ニューイングランド音楽院の大学院に進んだ。ここでは、クラシック系の作曲とサードストリーム・ミュージックを学んだ。

3　バルト、タルコフスキー

武蔵を卒業後最も印象に残ったもの、それはロラン・バルトの『表徴の帝国』とアンドレイ・タルコフスキーの『サクリファイス』だった。

『表徴の帝国』はバルトが日本を訪れ、日本に対する印象を書いたものである。私自身も自分の職業柄、またアメリカでの生活を経験し、日本の特殊性について考えていた。そんな折、全く異なった方角から日本を構造的に見、分析したこの本により、日本に対する新たな眼が開いていくのを感じた。構造が読みにくい日本の文化、特に龍安寺の庭園の写真に添えられた、「どんな衣もない、どんな足跡もない。人間はどこにいるのか？　岩石の搬入の中に、箒の掃き目のなかに、つまり表現体、エクリチュールの働きのなかにいる」

という言葉は、私が維持してきた時空を凍らせる力を持っていた。

また、バルトは東京の中心には皇居があるが、それは空虚であり、その周りには見えないものが広がっていると言っている。「見えない権力」が日本の社会を動かしているということである。

タルコフスキーの映画については、最初はっきり判らなかった。しかし、心、身体の奥底まで響く、これはいったい何だろうと思った。最終的には無意識の領域と深く関わっているということが判り、更に興味を持った。しかし、ここで思わぬ偶然による出来事があった。

『サクリファイス』のなかで主人公を救うマリアが帰って行く場面だった。沼とも泥地とも付かぬ場でマリアが別れの言葉を言う。何とも形容のしがたい、美、荘厳、深遠、恐怖などを感じさせる場面だった。自分だったらどのような音楽を作曲できるかと考えたが、あまりの場面に考えが及ばない。尊敬する作曲家、武満徹、佐藤聰明であればどのような音楽を付けるのだろうと考えた。いずれにしても音は動かせないと思った。

すると聞こえるか、聞こえないか、その狭間で音が振動し始めた。歪んだバイオリンの音かなと思った。その音が立ち現れて、判った。尺八の音だ。しかも奏者は私の師の師に当たる海童道祖《わたずみどうそ》だった。移り行くその場面と音に圧倒されて、あたかも自分の思考が停止したかのようであった。

その後もこの映画全編に渡って海童道祖の音は使われていた。映画、音、共に強い印象が残ったと同時に、何故に海童道祖の音が出て来たのか、一つの不思議な謎として残った。

一ヵ月後に現代音楽のコンサートに行った折、出口のところで偶然、武満徹さんと佐藤聰明さんに出会った。映画の場面が頭の中を過ぎった。「飲みに行こうか」と誘われ、三人で飲みに行った。

『サクリファイス』の話をすると、なんと武満さんが「実は、タルコフスキーに『このレコード良いから聞いてみないか』と言って渡したんだ」とその経緯を話してくれた。タルコフスキーも非常に気に入って映画の全編に使ったという説明と共に語った。「『一見枯れた木の中に見えない生命を感じるというところが、表層では語りきれない多くのものを包含している尺八の音に合う』とタルコフスキーは言っていた」

4　アメリカから帰国

アメリカでは構造的な考え方を学び、帰国した。日本に帰ってみると、見るもの聞くもの全てがアメリカと違う。日本に妙に可笑しいものも有れば、極端に凄いものも有る。日本を読み解くことに夢中になっていった。特に第一次の階層の奥に潜むパラメーターを読み解くと、そこには文化、コミュニケーションなど様々な微細構造が詰まった日本が有った。

などと考えているところへ、政府の外交の一環として、アジアを回らないかという話が来た。韓国、フィリピン、マレーシア、シンガポール、オーストラリアなどを回った。韓国は、日本の楽曲を公の場で演奏できない状況だったので、政府関係者、経済界の人達のみの観客だった。空港には、マシンガンを構えた兵隊が車に乗って巡回していた。その後、解放された東欧、そして北欧、ソ連を回った。

ソ連での体験は貴重なものだった。ロシアになる前だったので、社会主義圏の状況が色濃く残っていた。我々が着くなり、大使館の人が、ロシア側のプロモーターと言っている人達はKGBなので気を付けるようにと言ってきた。電話も盗聴、遮断されるとのことだった。ホテルの裏は港だったが、潜水艦が何隻も停泊していた。

公演はチャイコフスキー・コンクールなどが行われるモスクワ音楽院の大ホールで行われた。超満員の中、大成功だった。終演後、教授陣が来て、「西側の作曲家達が尺八に興味を持っているわけがよく分かった。五線からは見えない音、つまり現代音楽の表現法が尺八の古典にはぎっしり詰まっている」と言ってくれたのは嬉しかった。

公演のない日に少し観光をした。地下鉄が非常に深い地底にある。聞いてみると核戦争の防空壕にもなるように作られているそうだ。日本では平和ムード一色だが、他国は戦争を常に意識している。戦争になったら日本は参戦すると思うか、とKGBの人から聞かれた。

モスクワでも有数の大教会へ行った。多くの人が静かに礼拝しているという。しかし、そこへ行って目を疑った。現在でもその光景が目に焼き付いて離れない。百人以上の人達が参道の両側に並んで物乞いをしているのだ。そして全員が、何らかの状況で肢体不自由、外見も非常に貧しい状況であった。西側では、当時映画でしか見られないような外見である。そういった人達が長い参道に並んでいる。その間を通り、両側から袖を引っ張られ教会へ入って行くのである。私たちが思っていた社会主義、共産主義と実際の状況は全く異なっており、この国では福祉は全く切り捨てられていたのだ。

ある日ソ連側のスタッフ、特にKGBの人達が忙しそうに歩き、こそこそ話をしている。どうしたのか聞いても「何でもない」という返事。変だなと思っていると日本大使館の人が来て、言った。

「ベルリンの壁が崩壊しました」

一九八九年一一月であった。

5　そしてこれから……

ベルリンの壁の崩壊からだった。東西冷戦の陰が無くなって行き、世界中が一斉に欲望に向って歩を進め出したのは。私は、この時が歴史上の大きな転換点だったと考えている。

一九六七－一九七三年のころは、政治、経済、メディア、文化、大衆が拮抗し始めた時代であった。その後は、文化、大衆が優位になり、夢のような世界が来ると予想している人達もいた。当時、私自身もそういった願望を持っていた。

しかし実際は、生活水準が上がり、様々な面での危機感が無くなった大衆は欲望を募らせ、経済がそれを吸い取って肥大化し、大衆の力は経済のシステムに絡め取られた。文化はその経済効率が優先され、深いものが衰退する傾向にある。エンターテイメントに重きが置かれ、深奥を穿つもの、細部に美をこらしたもの、そして無意識の領域に訴えるものは少なくなってしまった。マーシャル・マクルーハンが「メディアはメッセージだ」と言ったが、システムが、そして経済がメッセージになったのだ。

政治も経済に力を吸い取られていった。イデオロギーよりも経済の動向が優先されるようになった。その上、政治も大衆の欲望をコントロールしていった。

この中で一つの光明は、人々の経済が上向いたことより、少し余裕ができ、価値観の転換が起こり、環境、生活、文化についての意識が向上してきたことである。政治、経済などの大きな動きだけではなく、もう一つ奥の細部にも意識が再び回ってきたということである。こういった些細な意識を起点として、これからの世界が僅かでも良い方向へ行くよう、力を尽くしていければと思う。

私は、何をして来たのだろう。これから何をして行くのだろうかと思うことがある。初めは、何か見えない素晴らしいものを追い求め、探求してきたのではないかと思う。武蔵中学校の始業式で正田健次郎先生が言われた言葉。

「世の中の人は、数学者というものは割り切れるものだけについて考えると思っている。しかし、数学者というものは、むしろ割り切れないものについて考えている。また、割り切れるか割り切れないか解らないものについて考えること、そしてなぜ割り切れるのか、なぜ割り切れないのかを考えることが重要だ」

そこから始まって、量子化学の世界で知った微細構造、超微細構造と呼ばれるもう一つ深い階層の世界。

また、五線譜に記譜されたものの奥で鳴り響く、深遠な音響の世界。

そして、身体、呼吸。

これらの総体として、この目に見えない世界に大きな関りを持っているのが、日本の文化だと私は考えている。現在は、すぐに分からないものは、受け入れられない時代と言える。日本の文化は、オリジナリティーのある文化であるが、複雑すぎるという点もある。その上、見えない、感じられない、理解できない、文化でもある。確かに、主構造と従構造、及びパラメーターが入れ替わり、非常に複雑な構造を持っているものが多い。

しかし、そのような中で、私が、確信しているのは、

「日本の文化は世界で最もオリジナリティーのある文化である」

ということである。現在までに世界四〇ヵ国余を回ったが、その思いを更に強くするばかりである。

そういった意味で、世界が次々に記号化されて行く中、そこにアンチテーゼを突きつけるには、私たちは良いポジションにいるのかもしれない。

これから、身体性、呼吸、音、音楽を通じて、感じにくい日本の文化を分析し、世に出していこうと思っている。西洋では、要素分解、再構成という方法が一般的である。しかし、主構造と従構造が混濁し、鬩《せめ》ぎ合っている日本の文化では、要素分解をせずに複雑系を複雑系としてオペレートするという方法がよく用いられる。その方法を探求すると共に、演奏、作曲、音楽、芸術の分野で現実化して行くことができればと思っている。

これらは、終わりがない事であるので、寝たきりになったとしても、死の直前までタブレットでも翳しながら、一文字、一音符を打って行くということになるだろう。


見えない世界を目指しながら……

最終的には、全く見えない世界へ…………

引き際が肝腎

第二の出立に向けて考えていること

西谷雅英

1

高校を卒業して四〇年が経ち、わたしたちは人生の一つの節目を迎えようとしている。

かつて六十歳＝定年説というのがあったが、同期の者たちの中には、もう一仕事為したいと考えている者も少なくないだろう。すでに一仕事終えて、悠々自適という者もいないわけではないが、六十歳＝リタイヤという図式が当てはまらなくなっているのが当今の常識だ。わたし自身に関しても、ようやく仕事の半分が終わったという感じで、「人生いまだ道半ば」が率直なところである。平均寿命が延びたことに伴い、二〇年前では考えられない人生設計の再編を余儀なくされている。わたしたちは六十歳になってもまだ「若造」扱いされかねない。「四十、五十は洟垂れ小僧」とは伝統芸術の世界での言い習わしだが、この通説が市井にまで広がってきた。今までにもまして、「時間との闘い」が喫緊の課題になっている。それがわたしたちの現状だ。

いったいいつ頃から、日本社会はこのようなライフサイクルを綴るようになったのだろう。そこで思い当たるのが、わたしたちが四十歳を超えようとしていた一九九五年前後に、大きな転換点があったということだ。小熊英二の『社会を変える』によれば、この九五年を境に日本社会に構造的な変化が起こり、ポスト工業社会が開始されて、終身雇用制や家族制が根底から崩れようとしたという。この年に阪神淡路大震災と地下鉄サリン事件があったのは決して偶然ではない。この二つの天災、人災によって、戦後日本社会の空洞化が露呈されたことはすでに周知のことだ。別の言い方をすれば、戦後社会を形成してきた「物語」がこの時点で明確な像を結びにくくなってしまったのである。

戦争の焼け跡から出発した日本社会は、廃墟からの復興、先進諸国に追い付け、追い越せといった明確な目標を掲げることで高度経済成長を成し遂げてきた。「会社主義」による集団的エネルギーがGNP第二位という「成長物語」の根っこにあったことは言うまでもない。それが頭打ちになった兆候が、一九九五年に起こった二つの事件なのである。

これまでの日本社会は、経済を優先するあまり、文化や芸術をなおざりにしてきた。市民意識や社会の「成熟」ということが放擲されたのだと言い換えてもいい。わたしたちが六十歳になってもいまだ「若さ」を要求されているのは、未成熟社会に要因の一端がある。「いい大人」になることをどこかで疎外する要因が、社会の中に胚胎しているのだ。その姿は、電車の中でスマホにいそしむ若者に投影されている。彼らの中にわたしたち自身が映し出されいることを、どこか苦々しく思っている自分がいる。

2

バブル経済が破綻した一九九一年以降、しばしば「失われた二〇年」という言い方がなされた。社会の停滞はやがて二十五年、三十年と悪無限に延びていくだろう。その中でわたしたちが考えるべきは、戦後日本という「成長物語」という信仰を棄て、もっと別の社会を構想してみることである。つまり、「強い日本を取り戻す」とか、「アジアの盟主」や「世界有数の優秀さ」といった旧来あった像を廃棄することである。それに代わって、文化や芸術を基盤とした社会づくりを目指すべきだろう。これはオルタナティヴを追求することに等しい。

近代以前の日本は恵まれた自然と共生することで、今とは違った価値観と生活風習を育んできた。「経済大国」になったのは、たかだか数十年前の出来事であり、千年の歴史に照らしてみれば、ほんの一時の迷妄に過ぎない。わたしたちの歴史は圧倒的に文化や芸術、つまり風雅や美徳を重んじてきたのである。そこで、これらを軸に社会の組み換えを図ってみてはどうか。

文化や芸術を分母として、その上に変動性の高い経済や政治を置いてみる。この分母こそが、わたしたちの基盤になる。このように従来の軸を反転してみると、わたしたちは目先の数字や結果を求める悪弊から少しずつ自由になれるだろう。のみならず、ゆっくりと時間を使いながらプロセスを楽しむ心性も鍛えられるに違いない。言葉の大切さ、対話の有効性、場やコミュニティで形成される関係やネットワークの重要さを再認識することができるだろう。民主主義が「成熟」の上に立つ社会の規則だとすれば、少数者の意見が尊重され、社会の風通しは良くなり、多数決の論理、つまり多数派が優遇され、利権を守る社会からようやく「おさらば」できるのである。

3

わたしが記したことは、一種の理想論だと見る向きもあろう。だが、わたしが関わってきた演劇は、フィクションを通じて少人数による擬似的な社会やコミュニティ形成のための実験にこそ真の意味があった。紀元前六世紀に始まったギリシアの劇場では、単に娯楽のために演劇が上演されたのではない。劇場は共同体や精神的支柱たる神々とつながる場であり、同時に都市国家の政治を左右する討論が取り交わされ、政治の方針や方向性を決定する公論の場だったのだ。ギリシア人は演劇・宗教・政治を通して、自分たちはどう生きていけばいいのかを探った。つまり人間社会の原理や原型をつくる実験を行なってきたのである。

わたしは舞台と客席が生き生きと交流し、直接的なコミュニケーションが成り立っている場を幾度となく目にしてきた。その場でしか起こりえない「奇跡の一瞬」を何度も体験してきた。それが為しえた時、わたしたちは得も言われぬ感動を覚える。虚構を媒介にすることで、現実以上にリアルな場が出来《しゅったい》するのだ。演劇への「信」は、そのまま人間社会への「信」に通じる。

わたしはこうした理想の実現を決して不可能だと思っていない。そこに一歩踏み出すことが、自分の使命だと考えている。

3・11の経験は、わたしたちにいろいろな覚悟を突きつけた。前作『僕らが育った時代 1967－1973』は、書き残しておくべき何かがあるのではという切迫感がわたしたちの背中を強く押した。そこで自覚したのは、口幅ったい言い方をするならば、「知識人の使命」ということだった。芸術活動や大学を仕事の場にしている以上、好むと好まざるを問わず、「知識人」という言葉を引き受けざるをえない。「批評家」は言葉を使って世間と付き合う以上、「知」はわたしの武器であり、属性に他ならない。この「知」は権力を得るためにも使えるし、その権力の暴力性を阻止するためにも使用可能な両刃の剣だ。

わたしの批評活動は、舞台を観て批評文（レビュー）を書くことにとどまらず、演劇について語り、雑誌を編集・

刊行し、大学教育やさまざまな演劇講座の開講、果ては演劇賞、助成金の審査などにも関わる。演劇評論家協会や演劇学会による国際シンポジウムや学会も開催した。こうした活動の総体が演劇批評家の仕事である。批評活動というと、安全な地から他人の作業に〝評価を下す〟虫のいい存在に見られがちだが、実際には、言葉によって舞台や状況に関わる地味で見返りの少ない作業なのだ。したがってわたしの作業は、演劇というツールを介した社会的活動、つまりアクティヴィズムということになろう。

わたしは二十四歳で劇評を書き始め、二十七歳でデビューしてから三十年以上にもわたって批評活動を継続してきた。三十三歳で第一評論集『演劇思想の冒険』を刊行し、小劇場運動に随伴しながら文章を書き続けてきた。九〇年代になると、ドイツの劇作家の研究プロジェクトを組織し、韓国の同時代の演劇人たちと交流をし、それはやがて『ハイナー・ミュラーと世界演劇』、『韓国演劇への旅』という著書になった。日本以外に目を開かせてくれたのは、海の向こう側にある演劇だった。わたしはそこで「世界演劇」というキーワードを手にした。二〇〇〇年代には、『現代演劇の条件』や『演劇は可能か』という理論書を刊行し、二〇〇六年には、それまで書いてきた二十五年分の劇評を『劇的クロニクル』として集成した。たしかにこれらの著書や編集に携わった本はわたしの活動を裏書きしてくれる。が、まだ未完の劇作家論、批評論、演劇史に関する著作がある。これらを本にまとめるのが、当面の課題となろう。しかそれを為すには、まだ十年は要するだろう。

ではその先に何があるか。それを具体的に考え、実際の行動に移すことが、第二の出立につながっていく。

4

わたしの中にあって、手付かずだった領域とは何か。そこで思い至るのが、高校二年生から書き継いできたノートである。わたしはこのノートにこれまで観たり読んだり体験したことの主要な部分を書きとめてきた。そのノートは、二〇一三年一二月で一五三冊になった。このノートを書くきっかけになったのは、(前作でも書いたが) ポール・ヴァレリーという詩人が生涯書いた手帳 (カイエ) の存在だった。彼は朝起きると、森の中の散歩に出かけ、帰宅してから文章を書き続けた。それはノートにして二五四冊 (前作では二四六冊と誤記している) に及び、三万頁に達したという。この記事を読んだ当時のわたしは、「これだ!」と思ったのか、一九七一年八月一六日を期して、ノートを書き始めた（前作ではここでも高三と誤記している）。それ以前にも私的な映画評は書いていたが、それを一本化したのがこのノートだった。

もちろん、自分をフランスの文豪になぞらえるつもりはない。けれども、自分なりに何かを始めることは出来るはずだ、そう考えたわたしは、他のことはたいてい長続きしなかったが、このノートだけは四〇年以上も継続してきた。

この三月（二〇一三年）から、このノートを読み返してみた。かつての自分に直面することは気恥ずかしさも手伝い、とくに学生時代の分を読むのに辛いものがあった。プライヴェートな事柄が赤裸々に書かれていて、鼻白むことも多々あった。だが、例えば大学の四年間、その後大学院に在籍し、批評活動を開始したあたりの分を読むと、懐かしいという気分よりも、「おお、やっておるわい！」と後輩を見るような目で読んでいる自分に気づいた。その中で、大学を卒業した直後に書いたと思えるこんなメモを発見した。

「とりとめのない人生を〈書くこと〉で、辛うじて何か意味あるものにすることはできないか」。

それは〈書くこと〉を自分の仕事に選択した決意だった。この膨大なノート群はわたしの小さな財産であり、何かを書いていく時の第一資料になった。そして何よりも自分の原点でもあった。

わたしはこのノートをもとに、「私説・演劇同時代史」を書き綴っていきたいと考えている。前作の「アングラと肉体の日々」は、その一章に当たる。たぶん、これを書き溜めて発表するのは、仕掛り中の著作を完成させてからと考えているから、十年先になるだろう。いったいどれだけの分量になるか、検討もつかないが、これがわたしの第二の出立に当たっての出発点になるだろう。

それまで果たして「現役」でいられるか、それに加えて「最前線」に立ち続けていられるか、それが一つの目安となる。

最後に付け加えれば、〇六年に刊行した劇評集『劇的クロニクル』が一九七九年から二〇〇四年までの二十五年分の劇評集だったので、その続刊を二〇三〇年頃には出したいと考えている。その時がわたしの正真正銘の「引き際」になるだろう。

人生は自分との闘いである。改めてそう思う。

2013. 09. 15
Masaaki Satō

VI

外部からの寄稿

モノからコトへ

茂木　賛

中村明一さんからメールを戴いたのは、去年（二〇一三年）の九月のことである。氏の『「密息」で身体が変わる』（新潮選書）と『倍音』（春秋社）を読んで、感想をホームページへ寄稿したことに対するご返事だった。私は数年前にソニーを早期退職し、一人でビジネス・コンサルを始めた。スモールビジネスの起業支援の一環としてブログを書き綴るようになり、二冊の本の書評記事をブログにアップしたのが、そもそも氏のホームページへのアクセスの発端である。

戴いたメールによって、私は中村さんが武蔵高校の同窓生（数年後輩）であることを知った。私が中村さんの尺八演奏を聴きたいとお願いすると、早速、講師を務める朝日カルチャーセンターの教室へ招いて下さった。当日の尺八の演奏は素晴らしく、そのあとご一緒した食事での会話は楽しかった。

『僕らが育った時代　１９６７－１９７３』の出版予定を知ったのはその折のことだ。武蔵の中村さんの同級生たちが、当時を振り返りつつ、私たちが育った六〇～七〇年代の精神史を綴ったものだという。興味があったのでその年十一月の出版記念パーティーに参加し、その際簡単なご挨拶をした縁で、今回続編への寄稿のお話をいただいた。

私が中村さんのご本に興味を抱いたのは、その東洋と西洋を跨ぐユニークな発想である。どういうことか、私のブログ記事を援用しながら説明しよう。中村さんの『倍音』によると、尺八の音楽には、「倍音（特に非整数次倍音）」が多く含まれているという。

音に含まれる成分の中で、周波数の最も小さいものを基音《きおん》、その他のものを「倍音」と、一般的に呼び、楽器などの音の高さを言う場合には、基音の周波数をもって、その音の高さとして表します。(中略)
倍音の種類は、大きく二つの分けることができます。ひとつが、「整数次倍音《せいすうじばいおん》」と呼ばれるものです。基音の振動数に対して整数倍の関係にあります。(中略)
もうひとつが、「非整数次倍音《ひせいすうじばいおん》」と呼ばれるものです。弦がどこかに触れてビリビリとした音を発することがあります。このように整数倍以外の何かしら不規則な振動により生起する倍音が「非整数次倍音」です。

(同書　九—一二ページ)

ということで、自然界が発する有機的な音には、非整数次倍音が多く混ざっている。日本人は母音を左脳で聴くというけれど、中村氏によると、日本人は尺八などの伝統音楽も左脳で聴いているという。

音楽、言語、自然の音響について見てみると、西欧人の場合は、言語は左脳、音楽、自然の音響は、右脳。日本人の場合は、言語、音楽(日本の伝統音楽)、自然の音響はすべて左脳でとらえられています。日本人の言語、音楽、音響を結びつけているのは、「非整数次倍音」です。前章でも述べたように、日本の伝統音楽は「非整数次倍音」が出るように改造されている、つまり、より言語に近く、自然の音に近い音響が出るように工夫されています。

(同書　三一ページ)

日本列島に音響幅の広い母音言語が育ったのは、倍音(特に非整数次倍音)を多く含む自然・住居環境があったことが寄与していると思われる。西欧では、音がよく反射し、高い方の倍音が吸収されやすい自然・住居環境があったため、子音言語と基音を主体にした音楽が発展した。

思えば、私たちが育った二〇世紀は、大量生産・輸送・消費を中心とする「モノ」偏重の時代だった。それは西欧、すなわち、子音言語と基音を主体にした音声文化が齎した結果である。成果といっても良いだろう。しかし、地球環境の破壊と貧富格差の拡大を目の当たりにした二一世紀の今、「モノ信仰」の行き詰まりに対する新しい枠組みとして、(動きの見えない「モノ」よりも)動きのある「コト」を大切にする生き方・考え方への関心が高まっている。例えば、生物学の分野で、これまでの遺伝子万能主義から、環境との相互作用を重視する考え方（エピジェネティクス）が評価され始めた。

私は武蔵を出て大学を卒業したあと、長くソニーという会社で働いた。ちょうど入社したての頃、ソニーはウォークマンやコンパクト・ディスク（CD）といった商品を作り、我々はそれを世界中に広めた。音楽という「コト」を、いつでもどこでも手軽に再生できる「モノ」に籠めて、その大量生産・輸送・消費を推し進めてきたわけだ。

ウォークマンは人々に手軽に音楽を聴く楽しみを与えたが、世界中でそれが売れれば売れるほど、同時にそれは、（ヘッドフォーンの装着によって）人々をより内に籠もらせる結果ともなった。基音を主体とした西洋音楽が世界を席巻し、音楽を聴く場の個人化が進んだ。

そんな中、私が考えたのは、ソニーは（ウォークマンを流行らせた責任上からも）持てる音響工学の技術を生かして、比較的手軽に場所の移動が可能な、音質の良い小規模コンサートホール（テント）を設計し、再び皆で一緒に音楽を味わう楽しみを世界各地の人々に提供してはどうかということだった。

残念ながら、テレビ生産や企業買収に忙しい会社ではそういう企画は通らなかった。ソニーばかりではなく、エレクトロニクス産業は、生活のあらゆる分野にわたり「モノ」を大量に生産してきた。だから私の第一の出立は、二〇世紀の「モノ信仰」と共にあったといえるだろう。

二十一世紀が「コト」を大切にする時代だとすると、これからの第二の出立を考えるに、中村さんの東洋と西洋を跨ぐユニークな発想はとても参考になると思う。日本語は世界にも稀な母音言語である。倍音（特に非整数次倍音）を多く含む音声文化は、子音言語と基音を主体にした音声文化よりも、自然環境への親和性が強く、「コト」を大切にする生き方・考え方により相応しい。中村さんは、世界の音楽を基音・倍音構造によって調べ、今後の音楽の方向性について次のように述べる。

私たちは、いま、歴史的に大きな転換点に立っています。基音による音組織をもとに大きく発展してきた西洋音楽の発展は終焉を迎え、世界は倍音に重きを置いた音楽にシフトチェンジして行くでしょう。

言語、音楽、それぞれ個別に発展し、飽和点に達した文化は、境界を越えて、大きな発展を迎えるスタートラインに立ったところです。

（同書　二四二ページ）

倍音に重きを置く音楽へシフトしていくということは、これからの時代、音楽も「モノ」（一方的な鑑賞の対象物）から、「コト」（あらゆる関係性に開かれたパーフォーマンス）へとその中心が移ってゆくことを示唆する。私は海外生活が長かったから、日本と西洋を比較する、このような中村さんのお考えにとても惹かれる。同じ武蔵の仲間がこのような仕事をされていることを嬉しく感じると共に、我々の第二の出立は、この「モノからコトへ」のパラダイム・シフトと並走することだ、という認識を、是非皆さんとも共有したいと思う。

（尚、参考までに私のブログ「夜間飛行」のURLを載せておきます。http://celadon.ivory.ne.jp）

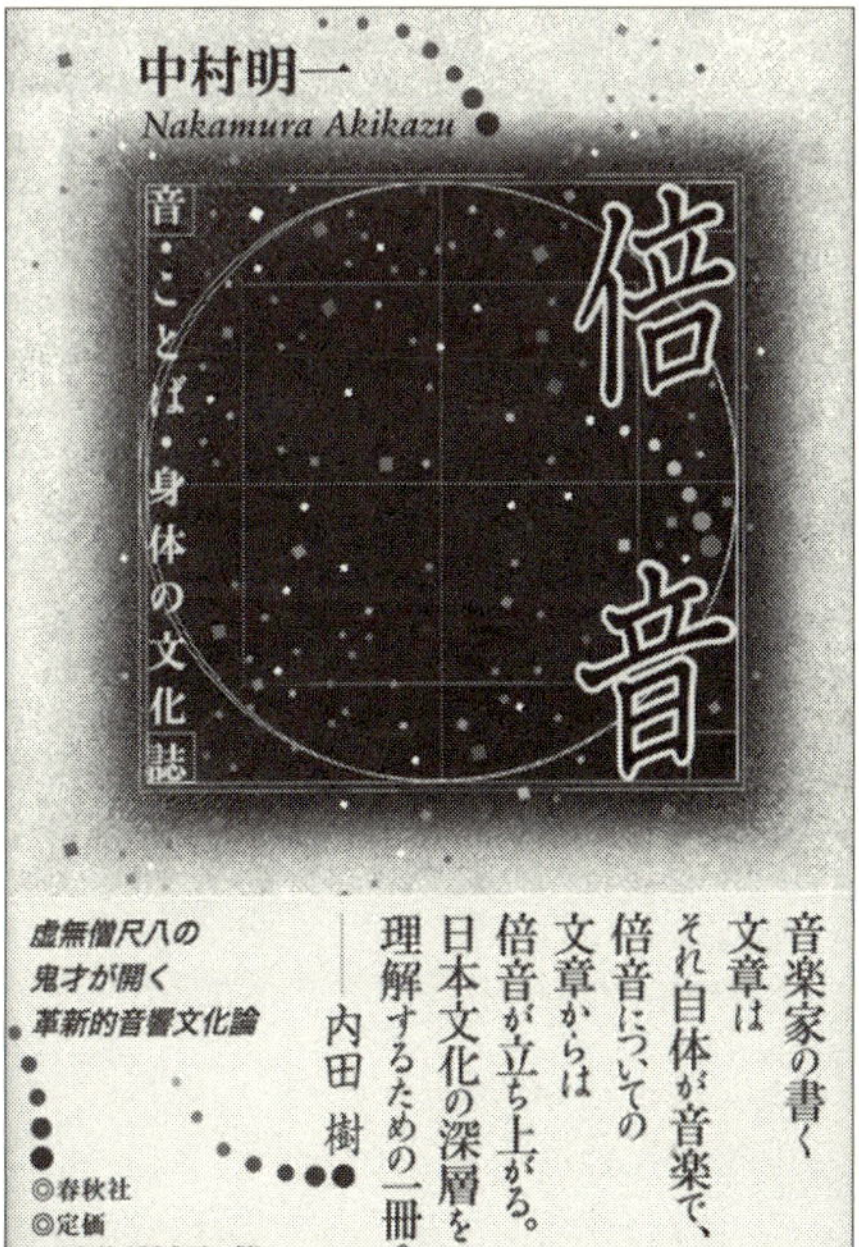

倍音　音・ことば・身体の文化誌
中村明一 著（春秋社）

飽きない毎日

廣川 明

学生運動の熱気も失せたころ独逸《ドイツ》に行くことになった。早稲田の吉阪隆正先生に推薦状を戴きに伺うと、「君、なんで独逸になんか行くんだね。土耳古《トルコ》に行きたまえ。面白いぞ。文明の衝突するところだからな」。この言葉は近年漸く解るようになった。

　中学から高校二年の前半までは、バスケットボール中心の体育会系の生活。どういうわけか江古田の御近所、日大《ニチ》芸術学部《ゲイ》の軟派系学生たちと知り合いになる。彼らはドューハウスという曖昧模糊たる会社を並木橋の角の豆腐屋の三階に立ち上げ、写真、イラスト、映画、演劇、ロック、パフォーマンスなどを攪拌したようなイヴェントなどをしかけていた。「クリームを聞くならまずヴァニラファッジを聞いたほうがいいよ」なんて格好いいことを教えてくれた彼らとは今でも付き合いがある。そんな場所ではバリバリのヒッピー風のお姉さんが思いっきり煙草を吹かしながら物憂げに座って少年たちを揶揄っていた。ロック好きなら誰でも通ったブラックホークでは珈琲一杯で三時間も粘って煙草臭に染まる。ウッドストックはとっくの昔に終わっていたのに渋谷や新宿には一見遊び人風の真面目な青年たちが屯していた、そこにはビラ撒きのセクトも。そこで、少なくとも基本文献だけは読まなくてはいけないと武蔵風に考えて、家にたくさんあった岩波文庫の青帯を片端から読む。学級でも「前進」は「スポニチ」と同じように出回るようになり反戦高協に入る奴も。

　そんな中、どうして記念祭の委員長に立候補したのか。今までにないお祭りで、単なるロックフェスティヴァルのようなものが何かの突破口になるような雰囲気、ドューハウス流か。バンド優先の記念祭でお勉強倶楽部が冷や飯を食うことになった。

一九七〇年6・15に明治公園へ出かけると、もう溢れんばかりのデモ隊。反戦高協のメットを渡されて隊列に加わる。デモ隊は六本木交差点付近で機動隊と衝突、アスファルトは先発隊が剥がしてあって塊を投げる手はずだったが、もう催涙ガスでそれどころじゃない。中核の隊列が単独で前進。それに続いて反戦高協も前進。隣の奴が催涙弾の水平打ちに当たってガクッと膝が折れる、もう隊列は四散。とても国会前まではたどり着けない、溜池までも行けない。引き潮の後に残ったものは、「知識の不足」だけ。「街を捨てて書に戻ろう」。哲学や思想の本に一層向かい合うようになり、そして挙句は独逸に。

四ヵ月の語学研修はシュヴェービッシュハルのゲーテインスティテュートで。学生寮は万国より来る若者たちが一緒に暮らす飛び切り開放的な男女同棲全個室の夢の楽園。授業は週五日、午前午後犇犇《ビシビシ》。教室も万国津々浦々の出身、米国《アメリカ》から来たアンナメリー、仏系加国《カナダ》からはアンナマリー、羅馬《ローマ》からはアンナマリア、可愛そうに片目の黒い犬を連れた米国の女の子、NYはブルックリンの女子高生三人組、伊欄《イラン》から来たのっぽとちびの礼儀正しき学生二人、生真面目な韓国《コーリア》人学生、これまた真面目な暹羅《タイ》人学生、西班牙《スペイン》からは思いっきり羅甸《ラテン》な哲学専攻のアンドレアス・マルティネス。亜刺比亜《アラビア》文字で右から左に書く伊欄の凸凹コンビの帳面《ノート》、左から右に書く独逸語と行の途中でぶつかって立往生《クラッシュ》。名詞と形容詞の語尾変化が面倒な独逸語、語尾を蛇文字にして誤魔化して平気なアンドレアス。聢《しか》と辞書を引いて正確に書こうとする東洋人、その態度のままで話そうとすると語尾変化が気になって一言も出ない。米国人はなんでもそのまま英語読みにして何を言っているのかよくわからず。それでも唯一の共通語独逸語で皆打ち解けて、夜は町にひとつだけあるディスコ、今の倶楽部に。生徒の中にとびきりの美人が二人。一人はコスタリカから来たまだ二十歳にもいかないような子、誰にでも愛想が良くいかにも育ちが良さそう。当然、西班牙、亜国《アルゼンチン》など西班牙語圏の男供が抜け駆け。もう一人は土耳古の淑女《レディー》。零れ落ちそうな大きな黒い瞳、抜群の身躯で大人の女の魅力を振り撒く。これにも羅甸は飛びつくが回教《イスラム》の壁は厚い。しかし二ヵ月も経った頃かついに伯剌西爾《ブラジル》から来た立派な大人が「手に入れた」。毎日、赤い薔薇を一本贈り続けたという映画のような話、こういう場面では日本人は全く蚊帳の外で手も足も出ない。

ゲーテインスティテュートの四ヵ月、瞬く間に経ちアーヘン工科大学へ。建築設計の授業自体は日本とあまり変わらず、しかしもう七〇年代の後半にはバイオや省エネルギーが建築の大きな主題。泥の壁を自分たちで塗るという演習、迷信と建築などという怪しげな授業も。著名なゴットフリート・ベーム先生は人前で話すのが不得意、授業は薄暗い中でのスライドがほとんど、夜八時からの演習は学校の前の飯屋で麦酒を飲みながら。社会主義関係の本だけを集めた本屋には東独逸から「輸入」された本がずらりと並ぶ。冷戦最前線の西独逸では教員などを含めて徹底したレッドパージ。西独逸には共産党はないが仏国《フランス》や伊国《イタリア》などでは共産党が元気だった時代。新たな政治哲学を模索するフランクフルターシューレが人気だった。七五年にフランコ独裁体制が倒れた西班牙からも留学生が大勢フランクフルターシューレへ。シュヴェービッシュハルで友達になったアンドレアスもその一人。是非その授業を聞いてみたいと思い、態々アーヘンから出かけてフランクフルトのアンドレアスの住む学生寮へ潜り込む。ハーバマス大先生の授業は黒板に表を書きながら、ぼそぼそとお話になるというもの。口唇口蓋裂の大先生のお話を聞き取るのは外国人には至難の業。教室にはずらりとマイクが並ぶ。カール・オットー・アペルの授業は、発音は明確だが言語論の何が問題なのか全然わからずじまい。

どっぷりと独逸に浸って欧羅巴《ヨーロッパ》中を旅しただけであっという間に留学期間が終わり帰国。推薦状のお礼と報告のためお目にかかろうと思っている矢先に吉阪先生は亡くなられてしまった。またなんとかしてすぐ独逸に戻ろうと考えているうちに母が入院そして死去。帰って来て落ち着く暇なく慌しく時が過ぎる。もうゆっくりしている暇もお金もない。無謀にもそのまま自分の設計事務所を開く。これ以降道端に落ちている栗を拾うような自営業をずっと続けることになる。

腰まで届く金髪靡《なび》かせマリタが現れる。ジョニー・ミッチェルやボブ・ディランやCSNY、ギターを弾きながら歌う。五歳以上も歳下なのに同じような曲を聴いていたなんて欧羅巴と亜細亜の時差なのか。お金がないので結婚式はできずウエディングドレスも当然なし。嫁入り道具は使い古したフライパン一枚。亜細亜の婚姻の規範からはまったく理解不能。婚姻届けを出しに行った晩、私は高熱を出してひっくり返る。よほど結婚が衝撃だったんだと今でも言われている。なんとか巴里まで飛んで行ってサンジェルマンの安宿で、買ってきた惣菜と麺麭と葡萄酒で夕食。そのまま車で北独逸へ走って御両親に初めて対面。義父は十七歳から二十一歳まで東部対ソビエト戦線の機関銃部隊で戦い抜く。二度にわたり銃創で病院送りになり右手の機能の大半を失うが辛くも生還。ずっと悪夢に悩まされ続け夜飛び起きることも。

九一年の八月クーデタでゴルバチョフが失脚した時は、真顔で露人《ロシア》が攻めて来る、防衛準備が必要だと言っていた。その義父のお父さんは、九十一歳で亡くなるまで煙管を口から放さなかったらしいが、同じく機関銃部隊、第一次世界大戦の。「線路の転轍機切替業」だったらしいが、自慢はヴェルダンの戦いで仏国の捕虜になり田舎で農業を手伝わされて逆にいろいろ仏国人に教えてやって感謝されたこと。捕虜なのに独逸よりずっといい飯だったらしい。英国《イギリス》でも仏国でも独逸でも庶民は全然戦う気がなくて厭戦気分が充満していたのは本当らしい。

ペレストロイカが颯《さ》と進んで冷戦最前線の西独逸は騒がしくなる。七三年に初めて見た伯林《ベルリン》の壁は到底簡単には無くならないだろうというほど冷たく静かに立ち尽くしていた。それが八九年にあっけなく崩壊。九〇年には東西独逸統一、西独逸に居ても実感がわかず。マリタのお母さんの一家は独逸第三帝国ダンツィッヒからの避難民。統一したら元の家が戻って来るかしらなどとお母さんは早とちり。波国《ポーランド》がグダニスクを返してくれることはないでしょう。こうなるとフランクフルターシューレも一挙に輝きを失う。マリタの学生友達の旦那のマティアスは他ならぬアペルの弟子。「フランクフルターシューレから独逸銀行に入った奴は僕しかいないと思う、裏切り者って言うわけかな」といつも言っている。コール政権の末期には経済も沈滞。移民問題も影を落とし社会全体が元気を失った様子。そんな時首相になったゲルハルト・シュレーダーは嘗ての学生運動の主導者。緑の党から外相になったヨシュカー・フィッシャーも同じ。SPDはいろいろな人材を取り込む力があった。そのシュレーダー政権下で構造改革。何となく独逸は再度近代化されたという趣。日常的には店の閉店時間が延びたこと、価格競争が激しくなったこと、郊外に大型店舗が増えて街の中心部に活気がなくなったこと、極端な貧乏人が生まれてそれを社会保障制度で救おうとして働かなくても十分暮らせるようにしてしまったこと、などが目に付くようになる。一方、移民問題はますます深刻化。統一前の落ち着いた雰囲気は消え失せて独逸も次第に多民族国家に。元々中央欧羅巴は白耳曼《ゲルマン》、羅甸《ラテン》、スラヴ、猶太《ユダヤ》の交差点。

自分が「外国人」になって生活しないとなかなか自分のことも解らない。会社から派遣されて数年外国へ行っていましたという人にも、外国の大学に研究に行っていましたという人にも、租界《コロニー》の中で用心深く暮らすだけなのか、意外に日本人には「そのまま」の人が多い。南土耳古の多島海《エーゲ》の保養地、マーマリスに行った時、「てっきり烏克蘭《ウクライナ》から来てるんだと思ったよ」と他の客にいわれた。金髪《ブロンド》碧眼の女と上背のある蒙古《モンゴル》系の男の組み合わせは良くあるらしい。こんな場面で、「奥さん、すごくきれいだね」と言われて、いや、それほどでも、なんて日本人丸出しの答えは一発レッド（奥さんから）。素直にありがとうと言えるためにはある程度年季が必要。民族の坩堝と言われているイスタンブルには蒙古系はほとんどいないが、我が息子は土耳古人の友人たちと一緒にいると全く区別がつかない。土耳古で道を歩いていると必ず土耳古語で話しかけられる。独逸からイスタンブルに一年間留学していた娘も同じ。店に入るとすぐ土耳古語で挨拶される。中央ユーラシアから他の民族を巻き込みながら次第に西進してパンノニアからヴィーンを窺おうというところまで行った土耳古を考えれば当然か。

息子にも娘にも「パパの独逸語、変。ママの日本語、変」などと言われながらも何時の間にか独逸とは全く縁が切れない生活。元はといえば、カール・マルクスとフリードリッヒ・エンゲルスが独逸人だったという極めて短簡な理由。最近、本棚を整理していて埃に塗れた小さな本を発見。アーヘンで買って読まずに眠っていた本、「基督教入門」という冴えない題、著者名を見て些と声が出てしまった。ヨゼフ・ラッツィンガー、まだ大学の先生だった頃の著作。読まないうちにベネディクト十六世になり、そして引退。なぜこんな本を買ったのか今となっては不分明、虫眼鏡でしか読めないような小さな活字のこの本を有難く読了。神学の素養なしに欧羅巴は理解できないことに改めて思い至る。昨今の日本特殊論や大亜細亜主義のような一九世紀のお話に舞い戻らないためにも、少なくとも、二ヵ国語は自由に話せて世界の様々な民族と普通に会話ができて日本を外から見て自分を相対化できること、が必要でしょう。「世界に雄飛するにたえる人物」といかないまでも、自ら「外国人」になって一粒で二度おいしい生活を楽しみたい。

子供たちはどちらの国にいても「外国人」という悩みを抱えながら今は独逸住まい。マリタはNHKテレビ独逸語講座に長年出ていたが、そのとき掛け持ちしていたゲーテインスティテュートで今もずっと先生をしている。私の事務所がある東京独逸文化センターにはこのゲーテ以外にもお世話になった独逸学術交換会、独逸東洋文化研究協会、独逸観光協会があり、お隣は独逸第二国営放送。家をTschüssと言って出てから一日中、日本語を話さない日があったりする、飽きない毎日。

二〇一三年　秋　赤坂にて

科学編集に携わった四〇年

藪 健一郎

『僕らが育った時代 1967-1973』を読み始め、あまりにおもしろくて遅読の私が二日で本を読み終えた。私立武蔵の自由な校風、生徒の気概を持った自負がよく出たエッセイ集だと思った。続編が出るというので、楽しみにしていたら、思いがけず執筆依頼をいただいた。武蔵出身ではないが同年代というのでご容赦願いたい。

四〇年前、私は神奈川県立厚木高校の生徒だった。赴任してきた先生はきまって、広い校庭から大山が大きく見えるのを見て、良い環境ですねと言ったという。実際、文化祭の実験用にカエルを捕まえてきてと頼むともぐらまで捕まえてくるような所だった。

高校二年の時、理科系か文科系かの選択があり、私は理科系を選んだ。ただ、学科でいえば国語も好きだった。アイザック・アシモフの作品を読み、ボストン大学生化学講師であるとともにSF作家でもある彼に憧れてもいた。こうした心持は大学に入ってからも変わらなかった。

横浜国立大学応用化学科に入学し、四年になって物理化学の研究室に入った。この研究室を選んだ理由を教授に問われ、『しゃぼん玉』(中公選書、立花太郎著)という本を読んだからと答えた。この本はしゃぼん玉の美しい写真がある上、当時研究の最先端でもあった、二分子膜の研究にも触れていた。今思えばアシモフの世界に似ていた。

一九七八年日本経済新聞社に入社し、最初に配属されたのが科学雑誌「サイエンス」(現在は「日経サイエンス」)の編集部だった。アメリカの月刊科学雑誌 Scientific American 日本版で、翻訳が多かったが、日本の情報も盛り込むため、取材活動もしていた。入社当時日本でがん学会が開催されていた。

当時がんは免疫療法が出てきた頃だったが、まだがん治療の先は見えていなかった。学会で三千人もの研究者が集まっているのにどうして、がんは治せないのだろうかと当時もどかしい思いに駆られた。

現在では遺伝子検査によってその人に効く抗がん治療薬が選べる時代に入ってきた。がん完治にはまだ距離はあるが。

一九七九年には日本で初のX線天文衛星「はくちょう」が打ち上げられた。小田稔先生が中心になって日本のX線天文学を立ち上げた衛星でもある。私たちの目では空も可視光でしか見えない。一九六〇年代にはX線で見て何がわかるのかと批判もあったという。ところが、空をX線で見るとブラックホールなど高エネルギーの現象が次々と見え始めた。「はくちょう」と名づけられたのもブラックホールがあるというはくちょう座X—1に因んでいる。

自然科学のおもしろい所は、人間が自然はそうだと決めつけていたことが、調べてみるとまるで違うことがある点だ。モンシロチョウは紫外線で存在を知らせ合うという。可視光より波長の短い紫外線も、もっと短いX線もヒトの目には見えない。目に見えないものをヒトはなかなか信じようとはしない。そんな中で科学は客観的に事実を知らせるすべとして二〇世紀世界に広がった。

サイエンス編集部で六年間を過ごした後、新聞の編集に移った。一九八六年秋、今まで零下二五〇℃付近までしか起こらないと思われていた超伝導（電気抵抗が0になる現象）がそれより二〇℃高い温度で起こる酸化物が見つかった。その後すぐに液体窒素（零下一九六℃）で冷やせば起こる酸化物も見つかった。

たちまち世界中でもっと高い温度で超伝導を起こす酸化物の探索競争が始まった。一九八六年秋たまたま取材に行った日本の研究者が、目を真っ赤に充血させ、でもにこにこして私の前に現れた。彼は世界最高温度の酸化物超伝導体を発見したと興奮して話していた。記事で取り上げると次から次へと最高温度の報告が出てきた。酸化物はセラミックスなので作るのは難しくはない。いつ最高温度を抜かれるかわからないので、研究者は寝ずに研究に没頭していたのだろう。私も超伝導の取材に熱中した。一所懸命打ち込んでいる人を取材することは心地良かった。スポーツと同じだなと感じた。

米国の物理学会の超伝導の分科会も、日本物理学会の高温超伝導物質の会議も参加者が多すぎて床に座る人が出て、夜中まで発表、討論する過去にない騒ぎになった。研究者は誰もがこの話題に熱狂し、おもしろさに寝食を忘れていた。

結局一九八七年ノーベル物理学賞は最初にこの酸化物超伝導物質を作り発表したＩＢＭチューリッヒ研究所の二人の研究者が受賞した。彼らを含め世界の超伝導酸化物研究者と国内外で話す機会を持て、世界で懸命におもしろがって研究に打ち込む人たちと気持ちも共有できた気がした。

二〇〇九年には新たにできたデジタル編成局に移り、新聞に電子版というデジタル媒体が加わる現場にかかわった。毎日朝刊、夕刊と紙を宅配で届けていた新聞が、インターネットに乗って読者に届けられる時代になった。朝刊、夕刊の一日二回制ではなく、大きな事件、出来事があればデジタル媒体で即座に情報を流せ、いつでもスマートフォン、パソコンで読めるようになった。

一九九〇年代以降のインターネットの発達は目を見張るものがある。ネットの世界が広がるほど課題も出てきている。法整備とともに、その使い方も知恵を集めねばならない。

ネットはいまや人間社会の日常生活に組み込まれている。ただ、ネットの話題は科学をどう人間社会に生かすかという技術の問題だ。環境問題にせよバイオテクノロジーにせよ技術の話題がこの四〇年とても増えた。基礎科学の問題で解決できない問題が社会、経済、政治という日常に絡み混乱している。原子力然り、地震等災害然りではないか。

一九八四年に休刊となった中央公論社の「自然」という雑誌には「物理の散歩道」というコラムがあった。今でも単行本になって販売されている。ロゲルギストと名乗る物理学者グループが交代で、「消しゴムはなぜ消えるのか」といった素朴な疑問に答えていた。

「物理の散歩道」は日常の出来事をユーモアを持って説明していた。ユーモアとは余裕だろう。社会の日常の話題では「効率良く」と良く語られているが、大きく考えれば基礎科学の考えを日常生活の説明に生かせばその方がより効率を上げられるのではないか。

超低温で液体が試験管のへりを乗り越える超流動や電気抵抗が0になる超伝導は非日常の世界のものに感じられる。地球上で起こる日常現象は宇宙では珍しい現象ばかりかも知れない。宇宙で地球に似た惑星を探している学者たちはそのように考えている。しかし、二〇二七年に開通を目指すリニアモーターカーでは超伝導も日常技術になろうとしている。

一方で地震や地球の内部の仕組みはいまだにわからない

ことが多い。宇宙へのアプローチに比べ、地球内部へのアプローチは遅れたのだろう。もっともわからないことの方がわかっていることより多い。何かがわかると新たにわからないことが出てくるのも事実だ。

雑誌編集者も新聞記者も様々な人に会える楽しさは尽きない。記者の現場を離れても楽しさを多くの人に伝えたいという気持ちは四〇年経っても消えない。そして科学も報道も本当のことを探り出すことに変わりはない。私は科学と日常をつなぎたいという夢をいまだに追い続けている。

編集後記——あれからの四〇年

卒業してから四〇年、同じ学び舎で過ごした六年（ないし三年）から、その何倍もの月日を経てみると、四〇年という時間の隔たりを痛感させられる。同じ学園で同じような体験を積み、学んでいたはずなのに、そこで得たもののその後の活かし方は各人各様、まるで違うのだ。むしろその隔たりこそ、わたしは得難いものだと思う。

十八歳で別々の方向に散っていった者たちが、まったく別人として再会することも珍しくない。東京の進学校なら、ほぼ似たような環境、経験を共有し、その後の人生もさほど大きな違いもなく、ある階層を形成しているように思われがちだが、一人一人の個人史を子細に見ていくと、その多様さに驚かされる。あどけない顔をした十二歳の少年が、六十歳に手が届こうとしている今、どのように変貌し、現在に行き着いたのか。その過程にどれほどの熟成や円熟といったものが書き込まれているか。誰もが他人とは異なる交換不能な存在なのである。だからこそ、個々人の記述が重要になってくる。そこには一般論では括れない個々の生き方が畳み込まれているはずだ。

昨年夏、神戸・三ノ宮でレストランを経営するA君に四〇年ぶりに再会した。ロケーションの素晴らしい、感じの良い店で料理も美味しかったが、何よりこの店を根城にすっかり板に付いたエプロン姿で切り盛りしている彼の姿に感銘を覚えた。

四〇年ぶりの再会とはいえ、懐かしいというより、四〇年の空白があったことを忘れるくらい自然な再会だった。彼はいつもそうであるかのように、ふっと現われ、「また会おう」と言ってさっと別れた。時間は〈空白〉というより、どこかで持続していた。僕らはつねに〈今〉を生きている。過去の集積の上に立って、僕らの〈現在〉がある。だとすれば、四〇年という時間は、リニアーに流れているというより、記憶の束として足元にあったような気がする。板一枚隔てた扉を開ければ、即座につながってしまう時間の帯が。

きっと僕らは生の最前線で〈今〉を生きているのだろう。一緒にいたB君も、大阪や西宮でユニークな活動をしている。話の中に出て来たC君も、今は反原発運動で重要なキーパーソンになっているという。次から次へといろいろな名前が出てくる。その活躍は僕らの共有財産であり、そうした人的資源に恵まれたことに感謝したい。

中高の六年間で付き合いが深かったわけでなかった友人たちとも、あれから四〇年経って、再び同じフィールドで出会うこともできた。もしかすると、『僕らが育った時代1967−1973』をつくった本当の理由は、こうした出会いの場を生み出すことにあったのではないか。昔を懐かしむノスタルジーではなく、「これから」を共に生きていく人生の仲間として出会い直すことの喜び。その時、ふと「オルタナティヴ」という言葉が頭に浮かんだ。必ずしも優等生ばかりでない僕らに共通していたのは、既成の枠組みからちょっと外れた「生き方」を共に探ろうとする前衛的な場をつくることにあったのではないか。それが「第二の出立」に他ならない。

十代の前半から後半にかけて、僕らの「黄金時代」があったことは間違いない。問題はそれを〈今〉につなげられるかどうかだ。ゆっくりと時間をかけてそれを考えていきたい。「これから」の人生をわくわくしながら構想していく喜びのためにこの本は編まれた。それを皆と共有できればと切に思う。

今回は前作に書かなかった方々を中心に執筆を呼び掛けた。前作は、いわば書くことを職業としている者たちに比較的長い論稿を書いてもらうことに主眼があった。だが前作が出来上がった時、僕らはまだこの本は完成していないのではないかと直観した。何故そう思ったか。武蔵の人的資源はまだ十分掘り尽くせていないと考えたからだ。そこで、今度はふだんこの種の原稿を書く機会の少ない人にこれまでの人生や自分が関わってきた仕事のことなどを率直に書いてもらうことにした。その結果、前回にも増して、今回の執筆者の顔触れは多種多様となった。日本の経済や政治を最前線で支えてきた者、国際的な視点で文化や芸術にたずさわってきた者、それと同様に、様々な現場に散って多彩な人生を紡いできた者たち、その生き方の集成が本論集である。各々の人生が存分に詰まって読み応えのある原稿になっているはずだ。

巻頭に卒業生を招いた座談会を、先輩や他校出身の同年代の方たちにも執筆をお願いした。同期以外の視点を呼び込むことで、自分たちの世代やその周辺に留まらない幅をもって時代やその後の人生を捉え返すことができるのではないか。武蔵学園や、この時代を共有した方たちとポリフォニックな音を奏でられていたら、望外の幸せである。

二〇一四年二月　「武蔵73会」編集委員を代表して

西谷雅英

執筆者プロフィール

高橋順一（たかはし・じゅんいち）

一九五〇年生まれ。一九六九年武蔵高校卒業。埼玉大学大学院文化科学研究科修了。現在早稲田大学教育学部教授。専攻思想史。近著に『ヴァルター・ベンヤミン解読』（社会評論社）『吉本隆明と親鸞』『吉本隆明と共同幻想』（同前）アドルノ『ヴァーグナー試論』（翻訳作品社）などがある。

梶取弘昌（かじとり・ひろまさ）

一九五二年東京生まれ。一九七七年東京芸術大学音楽学部声楽科を卒業後、武蔵高等学校中学校芸術科非常勤講師に。専任教諭、教頭を経て二〇一一年四月より校長となる。ドイツリートの演奏・研究は今でも続けている。

中条省平（ちゅうじょう・しょうへい）

学習院大学フランス語圏文化学科教授。パリ大学文学博士。著書に『反＝近代文学史』（中公文庫）、『フランス映画史の誘惑』（集英社新書）、翻訳にロブ＝グリエ『消しゴム』（光文社古典新訳文庫）など多数。

小林哲夫（こばやし・てつお）

一九六〇年生まれ。教育ジャーナリスト、朝日新聞出版「大学ランキング」編集者。著書に『高校紛争　1969－1970「闘争」の歴史と証言』（中央公論新社）、『東大合格高校盛衰史』（光文社）など。

渡辺惣樹（わたなべ・そうき）

本文に書いたように典型的な物書きの毎日です。デスクの周りは本の山です。分厚い洋書ばかりで、もはや読書の単位は冊ではなくＫＧです。あと二十年と仮定して何キロ読めるか計算できます。でも怖いので計算しません。

石橋直人（いしばし・なおと）

現在、ソニーモバイルコミュニケーションズ株式会社にＣＦＯとして勤務。最近はロードバイクを趣味としトレーニングに励むも、体脂肪率の改善は遅々として進まず。世界中を飛びまわったのに引き換え日本を知らないので自転車で旅することを思い描いています。

難波宏樹（なんば・ひろき）

一九七九年千葉大学医学部卒、千葉大学脳神経外科学教室。一九八一—八三年、米国ＮＩＨ、visiting fellow。一九八八年より千葉県がんセンター。一九九九年より浜松医科大学教授、現在に至る。専門領域：悪性脳腫瘍の診断・治療。

吉野晃（よしの・あきら）

卒業後の経歴は文中に書いたので省略。タイの気候に慣れてしまったので、気温が三十度以上でないと調子が出ない。逆に日本の冬は辛い。現在、ミエンのシャーマニズムと歌について調査中。

山田勝朗（やまだ・かつお）

京都大学工学部土木工学科卒。岡山県出身。一姫二太郎に恵まれ、テニス・囲碁をこよなく愛す。昨年八月に生まれた初孫の成長を楽しみにしつつ、息子の弓道大会の成績が気になることの頃です。

桑水流正邦（くわずる・まさくに）

四月二〇日新宿区生まれ。一九七七年国際電信電話（株）入社、二宮海底線中継所、研究所、海底線部、海底ケーブルシステム（株）、国際ネットワーク部等海底ケーブルに関わる業務に従事。二〇一五年三月の定年後は再雇用予定。家族は妻、一男一女。

篠田勝（しのだ・まさる）

定年まであと一年、やっと仕事人生から脱却だ！　楽な生活を送ろうとする自分を戒める如く、ストイックに筋トレ、減量に励みウエスト七九㎝達成！　ゴルフも七〇台、肉体は三〇代、精神は二〇代を目指してアンチエージング中！

熊谷陽（くまがい・よう）

現在、音楽事務所（株）ナポレオンレコーズで鬼束ちひろのプロデューサー業を行う。その他本文でもふれたようなポップス音楽の歴史や文化的側面に焦点をあてたイベント、レクチャー企画などを行う。

平岡幹康（ひらおか・みきやす）

大学卒業後、公認会計士の傍ら、「人」との絆の重要性を感じ、人集めを趣味とする。武蔵の同期会を毎年開催。現在はキャリアカウンセラーとして、また、地元の民生委員、町会役員、バンドのベーシストとして活動中。

須賀英之（すか・ひでゆき）

学校法人須賀学園副理事長。宇都宮共和大学・宇都宮短期大学学長、宇都宮短期大学附属高校副校長、同中学校長。日本興業銀行で二十三年勤務後、須賀学園に戻る。宇都宮商工会議所副会頭、栃木県文化振興審議会会長、栃木県交響楽団会長、宇都宮まちづくり推進機構理事長など公職も多数つとめる。

牛口順二（うしぐち・じゅんじ）

紀伊國屋書店勤務。現在は海外事業推進、関係会社担当役員。東京大学文学部卒業。本を書くか、作るか、流通させるか、どれかをやりたいと思っていたが、結局は、全てに中途半端に関わり、今も同じ周辺を彷徨っている。

鍋田英一（なべた・えいいち）

千葉県の私立東京学館高校で教員をやって三十三年。私の武蔵は、中学三年で終わった「未完の武蔵」です。でも、その分、あの時代が凝縮されている気がします。還暦を前に、あらためて武蔵の日々を想う今日この頃です。

中曽 宏（なかそ・ひろし）

武蔵在学中は排球部に所属。卒業後一九七八年に日本銀行入行。ロンドン駐在、金融市場局長、理事を経て二〇一三年三月副総裁に就任。日本経済の絶頂期とバブル崩壊後の苦境を現場で体験したことが職業人としての座標軸を形成した。

森本 学（もりもと・まなぶ）

日本証券経済研究所理事長（前金融庁総務企画局長）。

鈴木浩一（すずき・ひろかず）
一橋大学経済学部卒業後、三十五年間メーカーで、主として労務管理・教育研修に従事。現在、企業年金基金常務理事、キャリア・カウンセラー。産業・組織心理学会、日本労務学会、日本産業カウンセリング学会等に所属。

三好重明（みよし・しげあき）
中央大学理工学部数学科教授。専門は位相幾何学、特に葉層構造の位相幾何学。数学者の端くれなので数学には関われているが，様々な理由により，このところ「音楽する」ことも「サッカーする」こともままならない。悲しい限りである。

植松武史（うえまつ・たけし）
久喜総合病院という埼玉県の公的病院の副院長（外科）をしている。厳しい病院経営環境の中、病院幹部としては手術だけしていればいいという時代ではなくなっている。外科医三〇年超、いつになったらいぶし銀の輝きを放てるのか。

宇野求（うの・もとむ）
高校の時に、なりたいなと思った建築家をやっています。大学での研究教育、若者と日々接する機会に恵まれた幸いに感謝。これからの世界の多様な地域文化、自然な建築、自然な都市について考えているところです。

寺本研一（てらもと・けんいち）
一般病院外科部長、大学教員、研究者、米国勤務（ＵＣＬＡ、ハーバード大学）開業医、プータロー、など。引っ越し生涯一二回。
『あなたのがんのリスクを確実に減らす本』講談社、『病気にならない体のつくり方』三笠書房、『消化器研修ハンドブック』海馬書房など。

岡 昭一（おか・しょういち）
米国南カリフォルニア大学卒業。以降公認会計士として日米で会計監査、Ｍ＆Ａアドバイザリー、事業再生業務に従事。二〇一四年初頭から香港を拠点にアジア各国における日本企業へのアドバイザリー業務を開始している。

山川彰夫（やまかわ・あきお）
東大医学部卒。内科臨床の後、基礎研究へ。都老人研↓ハーバード大 Dana Farber がん研究所で十二年を過ごし↓シンクタンク↓東大医科研特任教授。二〇一三年秋に、産業医活動と実地医療に回帰。座右銘は Think Different Globally, Act Innovative Locally.

佐藤正章（さとう・まさあき）
生まれも育ちも東京。東大建築学科を卒業、鹿島建設の設計部に入社。主に、建物の空調、省エネ、環境性能評価などを担当。趣味は、テニス・スキーだったが、歳を重ねインドア派で水彩を中心に余暇を楽しんでます。

有住一郎（ありずみ・いちろう）
今春、神戸でやってきた店を閉め、十年ぶりに大阪の自宅に帰ることにした。今後の人生はすべて無計画だ。たぶん、絵を描く、歌を唄う、舞台に立つ、などは続けそうな気がする。つまり、原点回帰ってやつだ。

前田隆平（まえだ・りゅうへい）
一九七七年四月運輸省入省。国土交通省航空局長、国際統括官などを歴任し、二〇一三年二月より駐スイス特命全権大使。スイスという国の奥深さを感じつつ、真の外交を実践すべく、現在奮闘中。

磯野彰彦（いその・あきひこ）
高校時代から新聞記者を志し、早大政経を出て、毎日新聞社に入社。社会部、経済部、政治部などに所属し、二〇一一年四月、昭和女子大に転職。現在、キャリア支援センター長兼グローバルビジネス学部特命教授。

浅尾茂人（あさお・しげと）
慶応義塾大学卒業。三和銀行にて三十五年間システム開発担当。二〇一二年退職。現在、有限会社浅尾代表取締役、甑岩文芸荘代表、フィドル倶楽部主宰など。

中村明一（なかむら・あきかず）
作曲家・尺八演奏家。横浜国大応用化学科、米国バークリー音楽大学、ニューイングランド音楽院大学院出身。世界四〇カ国余一五〇都市以上で公演。文化庁芸術祭優秀賞（二回）、文化庁舞台芸術創作奨励賞など受賞多数。著書に『倍音』、『「密息」で身体が変わる』他。音楽大学や大学院で講師も務める。http://www.kokoo.com

西谷雅英（にしたに・まさひで）

二十七歳で演劇評論家デビュー。以後、演劇誌の編集長、賞の選考委員、評論家協会会長などを務める。著書九冊ほか、いずれも筆名・西堂行人（にしどう・こうじん）で発表。現在近畿大学教授で毎週東京─大阪を通う。

茂木 賛（もてぎさん）

一九五一年生まれ。私立武蔵中学・高校、国際基督教大学卒業。一九七六年ソニー株式会社に勤務。一九七九年から一三年間北米に赴任。二〇〇四年ソニーを早期退職し、サンモテギ・リサーチ・インク（ＳＭＲ）を設立、現在に至る。

廣川 明（ひろかわ・あきら）

（有）廣川　明と建築術工房主宰。〒１０７－００５２　東京都港区赤坂７－５－56　ドイツ文化会館４階 Tel:03-6277-7245　ahbw@interlink.or.jp　宗教建築がテーマですが、特にお断りすることなくなんでもやっております。是非ご用命ください。

藪健一郎（やぶ・けんいちろう）

日本経済新聞社で科学を中心に取材を続けてきた。一九七八年横浜国立大学卒業、日本経済新聞社入社。出版局サイエンス編集部配属。最近もあちこちのサイエンスカフェに出没して科学を楽しんでいる。現在コンテンツ事業室。

僕らが生きた時代

1973-2013

二〇一四年四月一〇日 発行

編集 武蔵73会©

発行 れんが書房新社

〒一六〇—〇〇〇八
東京都新宿区三栄町一〇日鉄四谷コーポ一〇六
TEL 〇三—三三五八—七五三一
FAX 〇三—三三五八—七五三二

ISBN-978-4-8462-0410-5

装幀・レイアウト　エニカイタスタヂオ 奥秋圭

印刷・製本　株式会社栄光